品成

阅读经典 品味成长

打造超级
IP产品

欧阳绍波
——著

人民邮电出版社

北京

图书在版编目（CIP）数据

打造超级 IP 产品 / 欧阳绍波著 . -- 北京 ：人民邮
电出版社， 2025. -- ISBN 978-7-115-67676-4

Ⅰ. F713.365.2

中国国家版本馆 CIP 数据核字第 2025HS6118 号

◆ 著　　　　欧阳绍波
　　责任编辑　孙　睿
　　责任印制　马振武

◆ 人民邮电出版社出版发行　　　　北京市丰台区成寿寺路 11 号
　　邮编 100164　　电子邮件 315@ptpress.com.cn
　　网址 https://www.ptpress.com.cn
　　三河市中晟雅豪印务有限公司印刷

◆ 开本：880×1230　1/32
　　印张：9.875　　　　　　　　　2025 年 7 月第 1 版
　　字数：171 千字　　　　　　　 2025 年 7 月河北第 1 次印刷

定价：69.80 元

读者服务热线：（010）81055671　印装质量热线：（010）81055316
反盗版热线：（010）81055315

粉丝百万却难以变现？欧阳老师一针见血：核心问题不在流量，而在产品。这本书系统拆解了如何从锦上添花的"维生素"思维转向构建解决用户真痛点的"止痛药"式产品体系。想告别无效忙碌，实现可持续增长？这本书提供了从定位到交付的全套方法论，强烈推荐。

子安　拙勇堂创始人

穿越周期，锻造品牌生命力。欧阳老师通过自身的创业故事和成功案例，深刻阐释了"IP品牌化"是终极目标。超级IP的魅力在于可持续性，需平衡短期收益与长期价值，这本书就是践行长期主义的路线图。

龙兄老师　坚持星球创始人

感谢欧阳老师将从业20年的经验无私地分享给我们。"全心全意为同学服务""安全和品质是生命线""让所有和我们链接的人都成为受益者"，这些观念都深深触动了我。欧阳将理念融合在系统中，让所想成为所见，知行合一，我深感敬佩。

龚臣　方子文化联合创始人

想让 IP 产品突破圈层，影响帮助更多人，翻开这本书就找对方向了！欧阳老师抽丝剥茧，把超级 IP 产品从规划到落地的逻辑讲得非常透，从搭建矩阵框架，到用差异化内容引流破圈，每一步都有实操路径。跟着学、照着做，打造爆款 IP 产品，收获流量与价值的双赢。

王军　壹到拾学堂创始人

什么都能做＝什么都做不好！"定位"是 IP 产品的生死线。定位定天下，要精准锚定你的赛道。如果你需要在泛泛内容中找到方向，这本书将是拨云见日的关键工具。

毛曼　朵朵开身心平台创始人

教育 IP 怎么做才能出圈？这本书给你答案。欧阳老师深入浅出地讲解了如何构建矩阵式产品体系，从兴趣引流到爆款打造，环环相扣。跟着书里的方法走，轻松打磨出优质产品，实现口碑与利润的双丰收！

李娜　娜家整理创始人

打造超级 IP 产品，创造无限可能

你是否会在某个深夜辗转反侧，不断地问自己：

为什么我这么努力，依然无法改变现状？

为什么我有那么好的流量，却始终无法稳定变现？

为什么行业机会那么多，我却找不到真正适合自己的方向？

我的人生，还有更多可能吗？

这些问题都曾让我困惑，现在可能也同样让很多人困惑。无论你从事什么行业，都可能在某个阶段感到迷茫和焦虑。我写这本书正是为了帮大家找到答案，突破困境，走出迷茫。

先聊聊我的故事吧。

我出生在江西省的一个小镇，小时候家里经济条件很不好，吃穿用度都要靠亲友接济。但是，我的学习成绩很好。为了不再重复父辈的贫困生活，我在自己的每本书上都写了一句"总会有天晴的时候"，希望有一天能够离开这个贫困的环境，越远越好。

　　功夫不负有心人。2001 年，我考入北京邮电大学，带着家里东拼西凑的 9000 元来到北京。这是我第一次来北京，也是我最后一次用家里的钱。为了能养活自己，我打过很多零工，在商场卖炊具、街上发传单，等等。我的职业生涯正是从发传单开始的。

　　一次偶然的机会，我来到李阳疯狂英语做兼职，工作的内容是发传单，每发 1000 份传单就可以获得 20 元的报酬。那时，很多兼职人员为了尽快完成任务，经常把传单扔掉，或者放入路边停放的自行车车筐里，回去就能领钱，但我从不这么做。我坚持认真工作，确保每一张传单都能准确地发到学生手中，尽管这要花上别人数倍的时间。

　　发了几天后，我觉得这种发传单的方式有很多问题，于是就自己做了一份"如何更有效地发传单"的总结，递交给他们的经理。经理看我这么上心，又觉得我提出的方法很可行，就让我做了兼职发传单的主管。之后不久，我就成了市场经理、市场总监，负责疯狂英语高校部的市场推广工作。当时，我们做了大量的线下校园讲座活动，还发展了大量的校园代理，建立了庞大的校园代理网络。这些市场行为，让我在高校推广的圈内小有名气，以至于新东方等培训机构都过来"挖"我。

虽然当时有不少好机会摆在我面前，但我深刻地意识到：互联网时代即将来临。尽管那时我对互联网几乎一无所知，但内心始终有一种强烈的信念："我要改变自己，紧跟时代步伐。"因此，我决定走出舒适区，做出了两个关键性决定。

一个决定是，开始自学编程。我是文科生，对我来说，学编程的难度很大，但我还是想突破自己。我买了大量的编程图书，从最基本的知识学起，一点一点摸索，后来开始尝试编写代码。

我认识到，仅仅掌握这些书本知识远远不够，必须通过亲身实践，才能深入了解互联网行业。于是，我做了第二个决定，辞去了高薪职位，毅然投身互联网行业，加入教育电商平台飞龙网。

飞龙网的定位是"培训超市"，主要业务是代理并销售全国几千家培训机构的课程。我从市场专员干起，很快便晋升为市场经理、市场总监、客服总监、区域总监……两年后，我晋升为公司副总裁。在飞龙网工作期间，我参与并推动了多种"卖课"模式的实施，通过百度竞价、谷歌竞价、互联网广告投放及各种线下活动等方式销售课程，飞龙网也因此成为国内教育电商领域的领军者。

在飞龙网的工作经历，不仅让我深刻理解了互联网时代的商业逻辑，更加深了我对互联网发展的认识。我亲身体验了互联网的巨大潜力，尤其是在教育行业中的应用。那时的选择和努力，为我后来的发展奠定了坚实的基础，也让我真正看到了互联网带来的无限可能。

我的三次创业经历

2008 年，我离开飞龙网，与朋友一起创办了"点亮网"，通过互联网销售企业培训光盘。这在当时是一次大胆的尝试，因为这种商业模式相对新颖，所以我成功地赚到了创业的"第一桶金"。在销售光盘的过程中，我接触到了大量有培训需求的企业家客户，同时也敏锐地觉察到，随着技术的发展，光盘这种载体会逐渐过时。这种对市场变化的洞察，促使在我光盘销售最赚钱的阶段做出了转型的决定。

2012 年，我创立了"在路上云课堂"——一个企业家在线学习平台。我期望通过这个平台打破地域限制，让更多的人可以随时随地获取优质的教育资源。然而，在实际运营过程中，我又遇到了一些新的挑战：平台虽然为老师和学员提供了更多的可能性，却没有最大化地实现双方价值。我意识到，教育培训的未来不只是形式上的变革，更需要依靠技术的迭代来实现教育的深层次价值。因此，我决定进一步升级商业模式，尝试打破传统教育的边界，推动教育与技术的深度结合。

2015 年，"在路上云课堂"被收购，这标志着我第二次创业的结束。此时的我，对教育行业已经有了更深刻的理解，也意识到，要想取得更大的成功，商业模式必须能够解决社会价值问题。教育的社会价值，就在于帮助更多人学到更有用的知识，培养更有价值的人才，最终让他们为社会创造财富与智慧。因此，我开始思考如何让老师输出真正优质的内容，并同时解决"卖什么""怎么卖""如何持续卖好"等问题。

2015 年，我开启了第三次创业，创立了"学两招"。这一次，我明确提出了"帮助教育 IP 打造个人品牌"的使命，目的在于通过技术驱动、标准化流程和深度服务，为教育内容创作者提供全方位的支持，帮助他们实现从"流量"到"价值"的跨越，从而在细分领域迅速成长，成为教育行业的"独角兽"。

这一次我的创业目标非常明确：改变以往老师做配角的模式，把在线教育的老师变成主角，助力他们打造个人 IP。为此，我们将老师视为"老板"，不仅帮助他们解决教育内容的创作问题，还为他们提供运营和销售的全套解决方案，助力他们持续地打造优质的教育内容，从而在各大平台上获取流量，将内容转化为实际的商业价值。

三次创业经历让我深刻地体会到，成功不仅仅取决于商业模式的选择，更在于持续地学习、反思与创新。这几次实践也让我逐渐明白：教育IP的核心不是流量，而是价值；不是短期爆发，而是长期积累。

打造超级 IP 产品是必由之路

在我们现今所处的时代，教育行业面临着前所未有的挑战：

招生越来越难，获客成本居高不下；

竞争越来越激烈，对手迅猛崛起，自己却逐渐被边缘化；

技术迭代飞速，在线化、数智化浪潮扑面而来，教育行业从业者难以跟上节奏；

看似粉丝众多、流量巨大，变现情况却不容乐观，持续变现更是难于登天；

……

问题到底出在哪里？

我来告诉你答案：不是你的流量不够大，而是你的产品不够好；不是你的技术不到位，而是你没有把技术用对地方。

教育 IP 的本质就是一个"产品 + 服务 + 用户价值"的闭环：先用产品创造价值，通过精准定位用户需求，打造一个能够覆盖各个学习阶段的矩阵式产品体系；再用品牌建设积累信任，通过系统化运营，持续强化 IP 品牌，让用户愿意为你的价值持续买单。

我认为，要想实现这个闭环，不管是教育行业的 IP，还是其他领域或行业内的 IP，都要通过以下"六大关卡"。

- 定位关：找到你的市场机会与差异化优势。
- 产品关：打造多层次的矩阵式超级 IP 产品体系。
- 营销关：精准吸引流量，并实现高效转化。
- 运维关：通过持续的用户和内容运营，构建长效增长机制。
- 效率关：利用技术手段，提升运营效率与投入产出比。
- 规范关：确保规范化运作，为长期发展保驾护航。

这些方法并非纸上谈兵，而是我和团队在多年的实践中不断打磨的成果。这些年来，我和团队通过独一无二的模式，已经成功助力多个教育 IP 构建稳定的增长模式，助力他们打造出既符合其特色和定位，又能够为用户创造价值的超级IP产品。从"坚持星球"的口碑爆发，到"拙勇堂"的持续增长，再到其他IP运营的成功案例，都证明了打造超级IP产品是一件可复制、可持续的事情。在"学两招"的赋能下，这些教育IP不仅已经在流量红海中脱颖而出，而且实现了年商品交易总额从几百万元到几亿元的飞跃，并且仍然在持续、良性地增长。

最后，我想简单说说这本书。对于出书这件事，我一直心怀敬畏，认为这是一件十分严肃的事情。如果没有足够的行业积累，我不会轻易尝试。其间，虽然不断有热心的朋友劝我写一本书，我却迟迟找不到写书的信心。

有人说"十年磨一剑"，经营学两招的10年，我看到了无数教育IP在成长和发展过程中踩过坑，尤其是在获得了大量粉丝和流量后，仍然面临招生难、产品弱、增长慢等问题，导致流量白白浪费。为此，我觉得有必要把自己的经验拿出来与大家分享，帮助教育IP从业者找到精准的增长路径。这就是我写这本书的意义所在。

这本书干货满满，诚意十足，凝聚了我十几年来最核心的实战经验，也是我帮助多个教育IP成功实现持续增长后提炼出来的系统方法论。我希望将它系统地呈现给那些致力于打造优质产品、真正为用户创造价值，同时实现自身持续增长的教育 IP 朋友们。

那些真正脱颖而出的超级 IP，从来不是一款产品、一场活动或一次流量爆发的结果，而是以清晰的市场定位和体系化的产品矩阵为基础，不断发展而成的。超级 IP 的魅力就在于它的可持续性。当你选择将自己或自己的事业品牌化时，你自然也会用更高的标准要求自己，不断成长、迭代和重塑。这样一来，无论是你的客户信任度，还是你的 IP 品牌价值，都会随着时间的积累而不断提升。

所以，回到开头的问题："我的人生，还有更多可能吗？"

我想告诉你："只要你愿意开始，一切都有可能。"

当然，这本书不是万能的，也有很多不完美之处。虽然教育行业的未来充满无限可能，但你的改变从来不会自然发生。所以，我希望这本书可以成为你迈向超级 IP 的第一步，并能为你提供一点启发和帮助。如果你愿意，也可以通过这本书联系我，我们一起探索、分享和成长。

欧阳绍波

2024 年 12 月 25 日

第一章　大 IP 也赚不到钱了吗

第二章　超级 IP 产品的定位与品牌

第三章　构建结构化的矩阵式产品体系

第四章　打磨极具用户价值的优质产品

第五章　运用私域代理卖爆超级 IP 产品

第六章　塑造 IP 品牌，打造行业“独角兽”

第一章

大 IP 也
赚不到钱了吗

在流量红利时代，流量在哪里，用户就在哪里；用户在哪里，收入就在哪里。因此，很多个人IP试图通过各种方式引流，获取更多的机会和资源加持，提升转化率，实现财务自由。事实上，也的确有一部分人按照这样的路径，成了行业里的大IP。

然而，随着流量红利的逐渐消失，即使是领域与行业里的大IP，实现增长和持续变现也已经变得越来越难。持续变现不仅要关注流量，更要以市场需求为核心，以终为始，打造能够持续吸引用户的产品体系。如果后端没有优质的产品体系予以支撑，即使是大IP，其商业价值也难以持续。

第一节

为何大部分 IP 未能 成功变现

2015 年，我创立了学两招。那一年也被称为 IP 元年，个人 IP 开始纷纷崛起。这一现象的背后是互联网时代的变革趋势：个人商业逐渐成为主流，自下而上的变革逐渐增多。变革的引领者不一定是权威人士和意见领袖，每个人都可能成为 IP，通过创造新鲜优质的内容引起用户关注，进而建立个人品牌并实现价值。

学两招蓬勃发展的这 10 年，也是个人 IP 迅速成长和遍地开花的 10 年。多个案例表明，IP 的打造和运营已经成为许多人实现个人价值和物质收益的重要途径。由此，互联网行业逐渐形成了一个简单的公式：用户＝流量＝金钱。这意味着个人 IP 要想变现，最重要的是吸引足够的粉丝和流量，粉丝越多、流量越大，变现能力就越强。

近两年，越来越多的个人 IP 从平台消失，即使曾经拥有大量粉丝和流量的大 IP，也纷纷表示变现越来越难。我有一位朋友，在抖音平台运营了好几年，刚开始几乎每天都要发布视频，每周还要做几次直播，与网友分享各种知识，好不容易才积攒了一两百万的粉丝，获得了不错的转化。但今年他告诉我，自己每天忙得像个陀螺，一个月下来，发现利润并没有多少，用他的话说就是"粉丝还在，但是钱没了"。

朋友的经历并非个例。现在很多拥有不错的流量，此前也曾拿到结果的大 IP，都逐渐走向平淡，想顺利变现或突破当前的变现水平，已经越来越难。

那么，这些 IP 无法持续变现和增长的原因是什么呢？

从大环境的角度来看，粉丝经济已进入存量时代，流量红利正在消失，获客成本直线上升，个人 IP 此前依靠积累粉丝、流量快速变现的路径已经走不通了。这也是今天的直播、电商等团队一年忙得团团转，虽然流量很大，看起来年收入也很可观，但一算净利润却少得可怜，甚至还会赔钱的主要原因。

表面上看，粉丝、流量确实与变现能力密切相关，实际情况却要复杂得多。因为粉丝数量和流量并不一定能直接转化为实际收入，变现的关键在于个人 IP 要找准自己的目标用户，为用户创造价值，满足用户群体的需求，这样才能不断增加用户黏性，实现变现。无论在涨粉层面、流量层面，还是在变现层面，个人 IP 都需要通过创造用户价值实现交换，这也是 IP 变现的底层逻辑。

以教育领域为例，现在抖音、小红书等平台有很多教育 IP，早期的他们通过在平台上分享知识吸引了很多粉丝，之后又通过销售课程、为粉丝提供咨询服务、开设训练营等方式，快速实现了流量变现，成为行业大 IP。现在他们发现，即使流量仍在增长，转化率却不再提高，甚至还在下降，说白了——粉丝不愿意买单了。

为什么会这样？

究其原因，就是这些 IP 无法持续地为用户创造价值，或者更严格地讲，是这些 IP 缺乏长期实现用户价值的产品。

互联网上有一句很流行的话，"羊毛出在狗身上，猪来买单。"放在 IP 变现这个话题上，就是说一些 IP 先利用各种免费产品引流，当拥有一定的粉丝基础和较大的流量后，再通过投放广告的方式，从粉丝身上赚取利润。事实上，他们并没有系统的、真正能实现用户价值的产品，连引流产品都是从网上东拼西凑攒出来的。这样的 IP 一开始确实可以凭噱头与流量赚取蝇头小利，然而粉丝们一旦醒悟，就不会再为这些 IP 买单。

那么，这些 IP 为什么无法提供实现用户价值的产品呢？

究其原因，我认为主要有以下三点。

个人 IP 缺乏清晰的定位

很多大 IP 虽然拥有不错的流量，但缺乏清晰的定位。为了引流，他们在互联网上分享内容时，往往试图迎合更多粉丝的需求，粉丝喜欢什么、想听什么，他们就讲什么。

这就造成了两种结果：一种是分享的内容过于空泛，缺乏针对性，无法深入解决用户的特定问题；另一种是虽然吸引了大量粉丝，但他们的需求和兴趣各不相同，分享的内容难以满足他们所有的期望，使得后期转化较差。

用户在选择付费内容时，通常都会寻找那些能够有效解决他们问题的专业型内容，而非泛泛的"万金油"式的解决方案。如果用户无法获得自己真正需要的东西，即使这个大 IP 名气很大，流量很大，他们依然会选择离开。

缺乏匹配用户痛点的产品体系

很多人认为，做 IP 就是开个号，再引流，只要有粉丝、有流量，变现就能水到渠成。

在流量红利时期，这套逻辑确实让一部分人赚到了一些钱，但是，利用这套逻辑持续赚钱是行不通的，尤其在流量红利逐渐消失、赛道竞争越来越激烈的今天。现在，获取流量的难度越来越大，做出爆款的机会越来越少，就算能找到一个做爆款的形式，马上就会有几万人来复制。在这种情况下，个人 IP 想要实现持续变现，是非常困难的。

我认识一位互联网大 IP，他算是较早地抓住流量红利的那拨人了。在知识付费刚刚兴起时，他就进入这一赛道，以教育 IP 的身份，带着团队拍视频、做直播、做演讲、写书、卖课……一时间做得风生水起。然而从去年起，他面临一个严重的现实问题：内容产品过于单一，无法持续为用户提供更有价值的产品，转化率越来越低。为了不浪费流量，他现在也加入直播带货的大军。

IP 要想持续变现，不光要有流量，还必须构建起完善的、符合市场需求的产品体系，拥有与用户痛点完美契合的可持续变现的产品。只有精准地识别用户的核心需求，并为其提供切实可行的解决方案，才能获得用户的认可，继而实现变现目标。

缺乏完整的变现路径

我在与一些教育大 IP 交流时，他们经常会问我一个问题："为什么我有流量、有产品，也做了大量的推广工作，转化率还是不理想呢？"

我与他们深入沟通后，发现了一个问题：他们只想快速解决用户的单一问题。比如，用户提出不知道如何引流，他们就教用户引流的方法；用户不知道怎么推广，他们就教用户推广的方法。这样的做法看起来好像很有针对性，但却缺乏系统性，难以形成完整的变现路径。

个人 IP 要想拿到结果，必须从整体出发，规划好自己的产品变现路径，而不仅仅是用单一的产品解决用户的单一问题。简而言之，做好定位、明确目标用户群体、拥有自己的产品还不够，还要构建产品体系，再辅以规范和高效的运营，实现持续变现。这些环节环环相扣，缺一不可。

这个过程与线下开店的逻辑是一样的，要想把线下的生意做好，在开店时就要会选址、会选品，还要有运营团队，并且懂得管理。线下店的选址就相当于在线上定位目标人群，即要服务谁、把产品卖给谁；选品，相当于确认要卖什么、产品是什么；运营，意味着持续地输出有价值的内容，获得用户关注；管理，则意味着完善后端的产品交付体系。任何一个环节都不能忽略，都要落实到位，才有可能持续地提高转化率。

所以，我给他们的建议是重新思考自己的目标人群与内容产品。互联网只是提供了一个渠道，只有真正找好自己的定位和细分领域，并能够持续、系统地为用户解决问题，用户才愿意持续买单。

在存量时代，掌握提高流量转化率的方法意味着能够更好地控制流量资源。对大 IP 来说，拥有更多的流量和更高的转化率，意味着可以更好地把握市场和用户需求，更好地实现商业价值。

IP市场竞争的日益激烈导致市场对个人IP提出了更高的要求。个人IP不仅要具备线上运营的能力，还要通过数字化和智能手段不断提升用户体验，并构建一个能够自我循环、持续增长的生态系统。在这个过程中，如果战略思路混乱、技术能力不足、人才短缺、资金有限、产品难以形成系统化优势，即使大IP，变现能力也会受限。我们也确实发现，很多大IP在面对这些新的要求和新的标准时无法及时调整，所以市场表现不佳。可见，以上这些因素在很大程度上影响着大部分IP的变现。

第二节

赚到第一桶
金的 IP，
为什么没能
持续赚钱

大家应该会发现，大部分IP，都呈现出一个特点：新旧更替迅速。五六年前我很喜欢的一些IP已经"退网"了，有的是自己功成身退，有的是被迫出局。

如果个人IP不想昙花一现，而是想让自己具有长期的竞争力和持续的商业价值，就必须具备长期思维，不能总想着做一锤子买卖。如果想在一个领域内做出成绩，让自己的IP成为品牌，就要想方设法让它的生命力更持久。只有不断沉淀、积累，为用户持续提供有价值的产品，甚至让用户觉得你的产品和内容物超所值，用户才会更信任你，愿意为你的产品付费，你才能持续获得收入，并且越做越轻松。否则，你就要不停地重新选择赛道。

我身边就有这样的人，这些年他尝试过很多项目，也走过很多弯路。2017年时，我建议他做自媒体，并帮他做了一个心理咨询的个人IP。因为运营体系完善，仅仅一年时间，他就赚了不少钱。虽然粉丝体量不大，但转化率很高。

2018年，他听别人说某些流行项目很赚钱，就转行去做这些项目了。结果因为跨领域，用户群体不同，自己又不是特别了解，不但没做起来，还亏了不少钱。

之后，他又尝试做其他领域的IP，试图通过多个渠道快速变现。有的渠道确实在较短的时间内获得了一些流量，有了一定的转化率，但最后算下来，发现利润少得可怜。

直到 2022 年，他回顾自己这些年的经历，发现只有 2017 年做的心理咨询 IP 一直在赚钱。由于他把大部分精力放在其他项目上，导致这个 IP 后面几年一直在原地踏步。他拜访了几个做心理咨询比较成功的大 IP，发现做了四五年以上的同行做到年入百万元是很轻松的一件事。而他自己，几年来总想抓住风口，快速变现，实现财务自由，最后反倒一事无成。

可能有人会不理解：难道大 IP 想实现长期增长、持续变现，就不能要求短期收益吗？

当然不是。在我看来，大 IP 在发展过程中，同样可以平衡好短期收益与长期变现之间的关系，只不过这需要一个复杂且关键的策略。从某种程度上讲，短期收益和长期变现确实会产生一定的矛盾：短期策略往往注重快速获利，容易导致急功近利的行为；长期变现则需要坚持长期主义，注重系统性的发展，但可以实现持续稳定的收入，甚至是持续增长的转化率。

怎样平衡好二者之间的关系呢？

我的建议是采取"两条腿走路"的策略。很多大 IP 在与学两招合作后，我都会建议他们采取这一策略。具体来讲，就是一方面按照他们原来的策略继续运营，确保现有的市场占有率和收益不受影响；另一方面按照"学两招"提供的系统性思路，专注于苦练"内功"，逐步完善定位、产品、营销、运营、效率和规范化等各个方面。

这种双线并行的策略，既有助于大 IP 在短期内维持现有的收益，同时还能为长期发展打下坚实的基础。长期变现不仅需要精准定位，把握市场需求，还要通过打造完善的产品体系，确保产品能够真正满足用户的需求。与此同时，有效的营销策略、高效的运营管理，以及运营的效率化、合规化建设等，也是长期成功的关键。

我们来讲一个坚持星球的创立者程龙的例子。作为一位实战派演讲教练，程龙曾在中国及多个国家和地区发表中英文演讲，他风趣活泼，很受听众的喜爱。2016 年，程龙创立了坚持星球，带领团队在全国各地演讲。

偶然的机会，我与程龙结识，发现非常投缘，随后建立了合作关系。他给自己定了一个人生目标：用一辈子的时间，帮助一亿中国人提升演讲能力，让中国声音成为世界最强音。我们从这个目标就能看出，他并非只想通过个人 IP 的热度赚一笔钱，而是拥有长期思维，将坚持星球当成一项长期经营的事业。

奔着这个目标，学两招为坚持星球提供了一站式技术综合解决方案，帮助其在技术和运营商方面实现了系统性升级，从精准的市场定位、完善的产品体系，到高效的运营管理，给予了全方位的支持和赋能。

依靠持续的产品创新和对用户需求的精准把握，坚持星球的目标受众现在已经覆盖企业家、政府人员、职场人、大学生等多个群体，甚至扩展到学员亲子同修、夫妻同修等领域，成功地从一个只有几人的小团队，成长为一个年商品交易总额超亿元的成熟品牌。当然，作为快速成长起来的大 IP，他也早已通过坚持星球实现了财务自由。

事实上，虽然现在的流量红利越来越少，但仍然有很多机遇。行业报告显示，目前有 85% 的 IP 年商品交易总额小于300 万元，11% 的 IP 年商品交易总额在 300 万~1000 万元之间，只有 4% 的 IP 年商品交易总额超过 1000 万元。其实，大部分 IP 的变现能力都未能得到充分发挥。如果我们以实现 1亿元这个"小目标"作为判断成功与否的标准，我认为这些大 IP 都具备成功的潜力，关键在于是否具备长期主义思维和采用全面的运营策略，如清晰的市场定位、成熟的技术体系支撑、社会化协作等。

因此，在流量存量时代，个人 IP 要想实现持续的变现和增长，关键在于做好整体布局：不仅要采取明确的思路指导行动，用强大的技术支持业务发展，还要善于借助社会化的协作力量。综合运用这些手段，大多数 IP 都有机会突破现有的业务规模限制，达到更高的收入水平，实现长期增长。

构建矩阵式产品体系

有一次，我在饭局上遇到一位拥有 400 多万粉丝的博主。他告诉我，他一年可以在互联网平台变现 1000 多万元，言语间充满自豪。我提出，这个变现程度并不算太优秀，身旁的人一听，特别惊讶："一年变现 1000 万元还不算优秀？年入百万都是高收入人群。"

这话没错，年入百万元的确已经超过大多数人的收入水平。然而，对一个拥有 400 多万粉丝的大 IP 来说，1000 万元的变现水平确实不算理想。虽然这位博主自己比较满意，但如果他和粉丝量相当的其他 IP 对比一下，就会看到存在的明显差距。更何况他公司里还有 20 多名员工，扣除各项成本后，利润只剩下两三百万元，也就相当于一个只有一两万私域流量的普通 IP 的营收水平。

为什么拥有 400 多万粉丝，一年只变现了 1000 万元呢？

分析原因，我认为要么是他的个人 IP 定位不够精确，要么是产品体系没有做好。

大 IP 一般都不缺流量，但要获得更高、更持久的转化率，还需要基于精准的市场定位，打造一个能够满足用户不同阶段需求的产品体系，并且这个产品体系要呈矩阵式结构，涵盖线上和线下多种形式，既包括价格较低、用于吸引和唤醒用户的入门级产品，也包括价格较高、能够深入解决用户痛点的高端产品。通过这样的产品布局，才能覆盖更广泛的用户群体，并针对不同用户的需求，提供相应的解决方案。

那么，是不是构建了矩阵式产品体系后，就万事大吉、坐等变现呢？

当然不是。用户需求不是静态的，它会随时间和环境的变化而发展，这就需要时刻关注用户的变化和需求，根据用户反馈和市场变化，持续迭代和优化自己的产品，不断改进和调整内容，让产品和内容随时都可以与用户需求相匹配。否则，即使粉丝再多、流量再大，用户的留存率和转化率也会受到影响，进而制约收入的增长。

我创立学两招的初衷是帮助教培领域的老师策划、定位、包装和分销他们的在线课程。起初，我觉得自己找到了方向，但很快我就发现了一个问题：很多老师的课程并没有真正解决用户的痛点。这些课程质量参差不齐，有些课程不够完善，有些课程内容太浅，甚至有些课程只是为了打广告。用户花钱购买了课程，却没有获得相应的价值，老师与用户之间缺乏深度链接，课程的转化率低得让人心凉。

这让我意识到：仅靠内容输出是撑不起平台未来的。只有把内容打造成能够满足用户需求的产品，才能真正实现平台、老师和用户的共赢。可以说，这是我职业生涯的一个转折点，我开始重新思考如何做出真正有价值的产品。尤其是2018 年以后，我越来越清晰地认识到，用户需求已经从简单的内容消费转向了更加精细、更有深度的解决方案。他们不仅要解决让自己感到焦虑的问题，更要在细分领域找到系统化的解决方案。

之后，在服务客户时，我们就会根据客户的细分定位，辅助其量身打造矩阵式产品体系。优秀的产品体系是简单而有力量的，也是可以持续看到效果的。

作为学两招深度合作与赋能的教育 IP 坚持星球，其成功的很大一部分原因，就在于它精妙的产品体系设计。坚持星球既设计了低价的兴趣产品，如售价 1 元的"跟流量地球学演讲"和"龙兄 60 秒学演讲"，售价 9.9 元的"跟乔布斯学演讲"等，吸引用户关注并调动其学习兴趣，又设计了售价99 元的引流产品"跟高手学演讲表达""从'小白'到演讲高手"等课程，激发用户更加深入地体验学习过程。爆款产品如"21 天'开口成金'演讲训练营"与"演说生产力"，大幅提升了用户转化率，同时也在市场上树立了良好的口碑。此外，还有高端利润产品，如"演说大师班"等，解决了用户在演讲中的高层次需求，实现了商业最大化。

这套矩阵式产品体系不但解决了用户在各个学习阶段的瓶

颈问题，精准满足了不同层次用户的需求，还巧妙地解决了营销转化路径的问题，推动了坚持星球的快速发展与商业化价值的持续提升，让坚持星球从小规模团队迅速成长为细分赛道的"小独角兽"。

无论实体产品还是虚拟产品，都需要构建一个基本的产品体系，其中包含低、中、高价产品，以便实现流量的分层承接。这就像飞机的头等舱和经济舱一样，头等舱服务质量好，所以飞机的价值反馈主要来自头等舱；经济舱可以满足大多数用户的需求，只要适当提高性价比，就能获得大部分用户的支持。

在这里，"服务质量好"和"性价比高"分别对应了 IP 变现的产品升级效果和爆款产品的引流效果。二者互相结合，不仅能提高整体的价值反馈水平，还可以满足更多用户的深层次需求，形成良好的互补关系。这样一来，就可以在多个维度和方向上变现，使价值收益最大化。

用产业化思维打造

超级 IP 产品

如果我们把 IP 比作品牌，那么超级 IP 就是名牌。超级 IP 是 IP 进化发展的结果，但并非所有 IP 都能成为超级 IP。衡量一个 IP 是否属于超级 IP 一般有两个标准：第一，它是否完成了跨平台、跨行业、跨品类的生态延伸；第二，它是否在 IP 原生行业中占据领先地位。可以说，超级 IP 与名牌一样，也是一种稀缺资源。

拥有庞大流量和优质内容的大 IP，同样需要打造超级 IP，只不过不是打造个人超级 IP，而是打造超级 IP 产品。很多人认为，IP 持续变现依靠的是粉丝和营销方式，其实，精准度不够的粉丝和流量都是无价值的，真正能实现持续变现的是产品。因为变现的关键是解决用户问题，而产品就是满足用户需求、解决用户痛点、为用户提供价值的核心所在。只要产品能帮助用户解决问题，用户就愿意持续买单。

所以，大 IP 实现持续变现的核心，就是打造属于自己的超级 IP 产品。

什么是超级 IP 产品？

在我看来，能够聚焦细分用户，通过矩阵式产品体系真正深度满足用户不同阶段的需求，并可持续实现商业价值的产品，就属于超级 IP 产品。

比如，很多人都喜欢漫威电影，其通过精心打造的故事和角色吸引了大量粉丝，形成了强大的品牌效应。同时，它还积极开发衍生品市场，推出了一系列备受人们欢迎的服装、玩具、游戏等产品，实现了商业价值的最大化。这些举措将漫威电影打造成了一个真正的超级 IP 产品，实现了持续的盈利。

可见，超级 IP 产品包含两个层次：内容层和产品层。前者是里层，后者是外层，后者依附于前者而存在。对超级 IP 产品的打造来说，二者缺一不可。

基于以上逻辑，作为有流量、有内容的大 IP，要想实现持续变现，关键在于打造内容优质的超级 IP 产品。在这方面，学两招提出了一个系列化的可持续经营路径，路径分为三步，分别为内容产品化、产品体系化和体系品牌化。这一路径的实施以 IP 的精准定位为基础，并依次通过产品关、营销关、运维关和效率关，最终实现 IP 的长期稳定增长。

接下来，我和大家分享这一路径的"三步走"策略。

第一步：内容产品化

所谓内容产品化，就是将大 IP 所拥有的流量和内容转化为可售卖的产品，这一过程是 IP 变现的核心。很多大 IP 拥有庞大的粉丝基础和大量优质的内容，但没有转化为产品，变现也只能是昙花一现，"持续"更无从谈起。内容产品化的目的，就是针对市场上不同用户群体的需求，将零散的内容资源进行系统整合，打造成具有市场价值的产品。

同时，内容产品化还会影响产品定价，因为只有明确产品形态和目标用户后，才能为产品设定合理的价格。产品一旦明确定价，即可进入销售和流通环节，实现变现目标。

因此，内容产品化不仅是 IP 变现路径的第一步，也是将内容潜在价值转化为实际市场价值的关键一步。

第二步：产品体系化

在内容产品化的基础上，创建一个多元化的矩阵式产品体系，就是产品体系化。它意味着将不同类型和层次的产品有机组合在一起，构成一个完整的生态系统，通过构建从入门级到高级、从线上到线下、从低价亲民到高端定制的多种产品形态，覆盖更加广泛的用户群体，提高用户黏性和复购率。

在产品体系化的实践中，教育 IP 拙勇堂，也是一个典型的成功案例。

拙勇堂现在已打造出一套多元化的产品体系，如兴趣产品"买房避坑课""给中产家庭的买房攻略""民宿入门实操课"，训练营产品"四种管道收入""买房有招"等，帮助用户从理论到实践，逐渐了解各种与房产有关的知识，掌握具体操作技巧。此外，它还通过"大咖约见""买房规划咨询""长租公寓从 0 到 1"这样的高端约见服务，让用户获得个性化专家指导，深度解决用户遇到的具体问题，大大提升了用户满意度。

同时，产品体系化还可以兼顾用户学习路径的优化和营销转化路径的设计。只有产品体系完整，用户在学习时才能一步步获得提升，当用户感受到自己的进步和提升后，对产品和品牌的依赖性和忠诚度就会提高，更愿意从免费内容过渡到付费内容，最初的兴趣转化为实际的购买行为，继而帮助 IP 实现高端产品的销售和转化率的持续增长。拙勇堂就是通过丰富而成熟的产品体系精准引流，不断提升销售转化率，从而在房产培训赛道中迅速崛起的。

第三步：体系品牌化

这是 IP 产品变现路径的最高阶段，它意味着一旦品牌形成，再推出新产品就能得到市场的高度认可。品牌不仅是产品的象征，更是用户对产品和服务的信任与认可。

举个例子，大家对小米的产品都很熟悉，小米就是通过持续推出高质量的创新产品，在全球市场建立起了强大的品牌形象。这也使得它每次推出的新品，都会引起市场的高度关注和用户的积极响应。这就是产品品牌化的效果。

在教育 IP 领域，类似于"得到""混沌学园"这样的大平台，都已成功实现了品牌化，通过持续地打造高质量的内容和产品，建立起了稳定的品牌形象，同时也达成了商业化目标。因此，品牌化不仅是超级 IP 产品成功变现的标志，也是实现长期可持续发展的关键。

学两招的客户，如坚持星球、拙勇堂、朵朵开、娜家整理等超级 IP，也都通过精准的市场定位、持续的内容输出与系统化的产品运营，逐步构建起强大的产品品牌，既占据了市场主导地位，又实现了长期的流量变现。

通过以上"三步走"，大 IP 可以有效地从流量与内容的优势出发，逐步达成商业化目标，同时也提升了市场竞争力，使自己更有机会成为行业领导者。

既然超级 IP 产品如此重要，我们该如何打造呢？

在 IP 产品领域，许多人仍然将产品开发当成一种创意驱动的艺术。事实上，随着市场的逐步成熟，仅靠创意早已无法应对用户日益复杂和精细化的需求。大 IP 想凭借产品优势在行业中脱颖而出，必须具备产业化思维，就像工厂制造工业品一样，依靠一套标准化流程打造自己的超级 IP 产品。这样既能确保产品质量，又能让产品更有针对性地满足用户需求。

根据市场的这一需求，学两招已建立了一套从产品定位到产品体系设计，再到录播课、直播课、训练营、线下课，最后到商城的每一个环节的标准化流程。这套流程不仅能确保产品的一致性和专业性，还能帮助教育 IP 成功打造一系列爆款产品。从为产品取一个富有吸引力的名字，到设计一个引人入胜的封面，都不是靠灵光乍现或拍脑门完成的，而是依靠多年沉淀下来的行业经验与系统化的流程实现的。这套流程，就是成功打造超级 IP 产品的关键。

同时，学两招还制定了一套完整的产品体系设计标准，从产品定位、设计、研发、包装到后期为产品营销提供素材，每一步都有一套严格的标准作业程序（standard operating procedure，SOP），不仅能帮助大 IP 快速推出符合市场需求的产品，还能不断推出爆款产品。

我一直深信技术的力量，技术不仅是工具，更是竞争力的核心。学两招就是通过使用自动化工具和数据分析技术，大幅提升了内容制作与发布的效率。比如，利用 AI 技术进行视频课程的自动剪辑与字幕生成，大大缩短了内容制作的时间，等等。同时，通过技术手段，我们可以让产品与用户展开有层次的互动，让产品在每个阶段的展示都可以精准匹配到用户需求，并第一时间收到反馈。这种技术赋能简化了操作流程，提升了产品在市场上的竞争力。

可以说，学两招打破了常规打造 IP 产品的思路，运用产业化思维，通过标准化流程、技术赋能与合规经营的方式，帮助多个领域的大 IP 解决了从产品开发到市场转化的一系列问题，使其成为所在领域和行业细分赛道中的"独角兽"。

第二章

超级 IP 产品的
定位与品牌

精准的 IP 产品定位不仅是产品在市场竞争中的制胜关键，更是实现可持续经营的基础。通过明确定位，你可以找到最适合自己的细分赛道，同时避开竞争对手在用户心中的先占优势，或利用强势领域中隐藏的弱点，构建自己的差异化竞争优势，确立自己产品与品牌的优势地位。

定位"定天下"：为什么IP 产品的定位如此重要

"定位"这个概念，早已在营销界获得共识，代表了品牌或产品在消费者心中的空缺占位。产品如果缺乏独特有力的定位，就很难发展成品牌产品；IP 如果没有独特的、占据人心的定位，也很难发展成强大的超级 IP。

那么，到底什么是定位呢？

"定位"最简单的解释就是：用一句话说清楚你是做什么的，你能为用户带来什么价值。说得再具体一些，就是在市场中为产品或服务确定独特的位置，以便在潜在用户心中占据明确和有利的地位，从而吸引目标用户并满足其需求。

比如，一说起上火，大家马上就能想到"喝王老吉"，这就是王老吉的产品定位：防止上火的凉茶。它瞄准了消费者的心理空位，将对上火的担心转化为喝凉茶的需求，因此也有了脍炙人口的广告语："怕上火，喝王老吉。"

对 IP 产品而言，定位同样重要，它甚至决定了产品未来所能达到的品牌高度。

首先，一个精准、清晰的产品定位，可以让产品在市场上摆脱同质化竞争，更有针对性地吸引目标用户，成为用户的优先选择，增强产品的市场竞争力。这就是我们为什么会将"定位"列为打造超级 IP 产品的核心。

以教育培训市场为例，现在众多教育培训机构提供的课程和服务都很相似，如果你的 IP 产品定位不清晰，与竞争对手没有明显区别，用户就看不到你的产品价值和独特优势，产品的市场竞争力也会不足。在这种情况下，即使你的产品质量很高，转化率也难以提高。

学两招在与客户合作时，会重点关注客户的 IP 产品定位问题。如果客户说，他什么课都能做、什么书都能出，我会觉得他大概率什么课都做不好、什么书都出不好。相反，如果一个客户说，他更擅长做某一类课程，或者更擅长打造某一类内容，我会认为他的定位比较清晰，也很适合合作。什么都能做，反而什么都不好，打造超级 IP 产品也要学会做减法，聚焦于自己真正能做好的事情上。

其次，明确的定位有助于企业集中资源，专注于最具潜力和回报的细分市场，提高资源利用率，避免资源分散带来的浪费。你要知道，企业也好、个人也好，所拥有的资源都是有限的，而精准的 IP 产品定位，就是要把有限的资源优先配置给符合核心定位的事情。即使你的产品只做了一个与核心定位偏离的功能，也会给用户对产品的认知和理解造成一定困难。你要做的是吸引用户，让用户有需求时立刻就想到你的产品，这样才能提升用户黏性和流量的转化率。

这就像用户想听书时会想起帆书、想学习营销课程时会想到得到一样，只有形成这种条件反射，你的产品才能不断吸引和留住有兴趣的用户。否则，一旦用户混淆了你的产品所能提供的功能和价值，即使你的产品功能样样俱全，他们也无法在有具体需求时想到你。这就是产品定位模糊带来的后果。

我经常遇到一些内容创作者，有才华、有能力，能应对各种用户需求，但正因为缺乏清晰的定位，最终陷入同质化竞争的困境。

学两招有一位重要客户，是一位专注于女性成长的IP。在与学两招合作前，她已经有了一定的流量与用户基础。为了留住用户，她几乎什么内容都讲：从演讲、销售、个人IP打造，到亲子教育、亲密关系、身材管理，等等。当然，她本人也有很强的学习和表达能力，无论用户提出什么问题，她都积极解答，并尽可能地提供解决方案。

然而，随着时间的推移，她发现了一个严重的问题：虽然她输出的内容很全面，但由于用户需求过于分散，导致她输出的内容也过于分散，难以形成核心竞争力。

在与学两招开始合作时，我明确指出了她的问题："你这样会把自己累垮的！"她试图满足每一位用户的需求，却缺乏专注与定位，无法集中资源去深耕一个明确的赛道，也就无法专注于提升某一个用户群体的价值，自然也无法积累品牌价值。

于是，我们重新帮她调整了定位，让她不再追求面面俱到，而是围绕女性成长的核心主题重新确定赛道：帮助新时代女性实现真正的自我提升。根据这一定位，我们又协助她构建了系统化的产品体系。这套产品体系既有低价的引流产品，也有高端的深度课程，帮助用户在不同阶段获得所需的成长支持。

通过重新定位，她有了明确的方向，输出内容不再像以前那样泛泛而谈，而是专注于解决特别群体的核心需求。这也让她的产品和品牌迅速获得了用户的认可，用户黏性大大提升。

除此之外，精准的产品定位还是打造品牌的基础，有助于在目标用户心中建立清晰、可信赖的品牌形象，增强品牌忠诚度和市场影响力。当一个 IP 产品在目标用户心中有了清晰的定位，也就有了强大的生命力，并可以与其他竞争对手区分开来，形成一定的壁垒。

比如，电影中超人的定位是"英雄"，哆啦 A 梦的定位是"解决童年苦恼"，漫画中加菲猫的定位是"懒"……每一个超级 IP 产品的定位都像一个锚，锚定在观众和读者心中的某个位置，既强大又持久。你可能很多年不看超人了，但这不妨碍你一看到超人，心中立刻就会将他与"英雄"联系在一起。这就是超级 IP 产品精准定位的效果。

反之，一个 IP 产品不管粉丝有多少、流量有多大，如果没有在用户头脑中留下明确、清晰的定位，那么产品的生命力就会很脆弱，用户对品牌的认知也会很混乱，产品也自然只能勉强靠着低价竞争来维持生存。

因此，IP 产品在定位时，一定要先弄清楚到底要卖什么、卖给谁。确定好 IP 商业战略，规划好产品路径，用终极思维打造 IP 产品，才能少走弯路，才能在激烈的市场竞争中脱颖而出，这也是定位"定天下"的重要原因。否则，坐拥百万粉丝却赚不到钱的悲剧，可能随时都会上演。

超级 IP 产品
精准定位
"四要素"

打造超级 IP 产品，实现持续增长和变现，做好精准定位是第一步，也是最重要的一步。关于这一点，我们只要看一看故宫推出的一系列超级 IP 产品便可知一二。

故宫本身就是一个大 IP，早在 2010 年，故宫便开始利用 IP 的影响力推广自己的产品。在大多数人眼里，故宫体现出来的就是"历史"两个字，而早期的故宫文创产品也只是在产品中生硬地加入一些故宫元素，与消费者心中的故宫文创产品有一定的距离感，因此销量不怎么好。

2013 年后，故宫文创产品的定位发生了变化，开始以文化创意与大众需求的结合为核心，打造融合传统文化与现代艺术的高品质文创产品。简而言之，就是把文物变成文化，再把文化与用户需求结合起来，研究人们在生活中都需要什么样的文化产品，再持续性地开发出更符合人们需求、更接地气的文创产品，如手机壳、扇子、茶杯、笔筒、书签等，让文创产品更具实用性。精准的定位与营销方式，不仅让故宫从一座古老的宫殿摇身一变，成为一个富有青春活力的大 IP，同时也打造出一系列深受人们欢迎和喜爱的超级 IP 产品。

超级 IP 产品的定位与其他产品一样，都必须清晰、精准，能让用户第一时间就感知到产品特性。在这个生产力普遍提升的时代，市场上同类型、同水平的产品非常多，如果不能在第一时间吸引用户的注意力，就可能被竞争对手打败。

那么，在教育培训领域打造持续增长型的 IP 产品，该如何精准定位呢？

根据多年的从业经验，我认为你要先问自己四个问题：现有用户是谁？用户想要什么？竞争对手擅长什么？你自己擅长什么？

这四个问题的答案，也是打造超级 IP 产品时定位的四个关键要素。接下来，我就从这四个问题入手，分享一下超级 IP 产品精准定位的四个要素。

第一个问题：现有用户是谁

对于已经拥有一定流量和变现能力的大 IP 来说，当前的大部分收入来自现有用户。虽然变现效果可能不理想，但这部分用户仍然具有一定的黏性和忠诚度。在进行产品定位时，你必须先搞清楚自己的现有用户是谁，并对这部分用户进行分析，深入了解他们的特征、需求、行为模式等。我一直认为，只有当你真正了解了现有用户，才知道未来该怎么走。如果不了解现在与你互动的人是谁、他们为什么而来、他们都想要什么，那么所有的后续策略都是"空中楼阁"。

很多大 IP 在做产品时，觉得"流量大就行""用户多了，产品自然能卖出去"，事实上，如果用户与你的产品定位不匹配，光有流量是没用的，不精准的流量根本做不到持续转化，也无法沉淀出真正的价值。

你可能觉得，自己的用户太杂了，很难明确一个统一的定位，但这恰恰是方向和线索。如果你能认真地分析他们的痛点、需求和行为，就可以挖掘出隐藏在这些用户中的共性。你还需要弄清用户的变化与成长轨迹，因为用户今天要的和明天要的内容可能完全不同。你要去研究他们在不同阶段的需求，这样才能更准确地锁定核心用户群，为你的产品未来发展确定一个更加明确的方向。

因此，分析现有用户，不只是看数据那么简单，而是通过他们的特征、行为等，找到你的产品真正能够持续提供价值的核心群体。如果你连现有用户都搞不清，那么后面的所有投入都可能是盲目的。

第二个问题：用户想要什么

了解了现有用户后，接下来就要弄清用户想要什么，这一点也很重要。因为用户需求是隐性的，他们说的、表现出来的和真正渴望的可能是两回事。很多时候，IP 产品的失败就卡在这一点上——我们以为自己知道用户想要什么，但最后做出来的产品无法满足用户的核心需求。

要想解决这个难题，你就要站在用户的角度，深挖他们的痛点和需求，甚至是他们自己都没有意识到的潜在需求。只有这样，你才能开发出用户真正需求并愿意为之付费的产品。

学两招在与"新女性创造社"合作时，就系统地分析了该平台的用户数据。它的核心用户是 35 ~ 45 岁的女性，这个群体关注的重点一般是个人成长和生活管理，尤其是在工作与家庭之间如何平衡。基于此，我们重新梳理了课程体系，聚焦女性不同人生阶段的成长路径，明确提出了"新女性创造社"这个概念，并围绕这个概念设计了从女性情感管理到职业发展的一系列系统化课程。这套产品体系明确了用户的核心需求，也更加精准地解决了女性在生活和工作中遇到的实际问题，帮助她们找到了家庭与事业之间的平衡点，提升她们的生活质量与个人成就感等。

通过重新定位和设计课程，平台的用户转化率明显提升，课程复购率也大大提高。以前那些抱着试一试态度的用户，现在都逐渐成了长期付费的忠实用户。

只有定位精准，并能够直接为用户创造价值，你才能打造出真正的超级 IP 产品。

当然，IP 产品的定位也并非一成不变，随着产品的不断发展，其边界也在扩大，定位也会随之改变。产品的发展机会来源于市场的变化，大部分产品之所以能够成功，就是因为找到了市场变化之中的确定性，根据市场变化修正产品的主攻方向，这也有利于机构在有限资源的条件下，更专注地做好最重要的事。

第三个问题：竞争对手擅长什么

打造超级 IP 产品，最怕闭门造车，自以为只要产品足够好，用户就会蜂拥而至。市场永远都是充满竞争的，你的潜在用户在考虑购买你的产品时，很可能也在同时对比其他同类产品。所以，只有对竞争对手的产品或服务进行全方位分析，掌握目标用户会与竞争对手的产品发生接触的每一个关键点，了解竞争对手擅长什么，以及凭借哪些点能够吸引用户，你才能找到自己产品的差异化优势以及在市场上的突破口。

在教育领域，不少前辈已经参与了培训系统的某些细分领域。例如，"小鹅通""创客匠人"等平台拥有强大的软件运营服务工具支持，能够为用户提供一整套的线上课程运营方案。但是，他们解决的只是工具问题，并没有深入到产品定位、课程开发及长期运营等更具体的层面，这就给学两招创造了机会。学两招不仅提供工具，还为教育 IP 从产品的定位、开发、营销与运营等各方面提供全方位支持。

有一次，我与一位潜在合作伙伴沟通时，她表示自己选择了学两招竞争对手的软件运营服务工具，虽然产品很容易上线，但迟迟看不到明显的用户增长。通过深入分析，我们发现，竞争对手虽然在技术工具上比我们领先，却没有帮助她找到自己的核心竞争力和独特价值，也没有为她提供长期运营策略的支持。

最终，她还是选择了学两招，而我们也为她从产品定位到用户运营，提供了全链条的解决方案，帮助她的产品找到了市场突破口。

了解竞争对手的优势，目的是找到自己的劣势，挖掘自己的独特性，为用户提供不一样的价值。在教育培训领域，谁能真正解决用户的深层次问题，谁就能获得核心竞争力，这也是学两招帮助客户持续突破、持续获得增长的核心。

第四个问题：你自己擅长什么

精准的 IP 产品定位，除了要了解用户和竞争对手，更重要的是要弄清自己最擅长什么：你的核心竞争力是什么？你能为用户提供什么独特价值？这不仅是产品定位的核心，也是 IP 长期发展的基石。

以坚持星球创始人陈龙为例，他一开始就非常清楚自己在演讲领域的独特优势：演讲经验丰富，在国内举办过多场演讲，还曾在多个国际场合发表中英文双语演讲。这样的实战经验，让他从一开始就将自己的产品定位、品牌定位与演讲紧密绑定，而不是试图涉足他所不熟悉的领域。

我们的合作更多的是帮他进一步强化和细化这一定位，使他能够在细分市场做大、做强。如今，坚持星球能够成为演讲培训赛道的"小独角兽"，与他一开始就有清晰的自我定位与产品定位是分不开的。

真正的超级 IP 并不是什么都做，而应该聚焦于自己最擅长的领域做深、做透。这种专注带来的影响力和品牌力，既能让你在细分市场中迅速脱颖而出，又能使你建立起强大的用户认知与信任，最终创造长期的商业价值。

明确产品的目标用户

有人可能会说，产品的目标用户不就是所有人吗？每个人都可以购买自己的产品，成为自己的用户呀！

这种说法是不正确的。每一种产品都应该有自己的目标群体，如果你把所有用户当成自己的目标用户，那么你的产品就要能满足这些人的所有需求，但这会导致产品的功能臃肿零散，功能没有主次和针对性，反而不容易抓住用户。

超级 IP 产品往往拥有较高的影响力和独特的用户价值，相应地，用户群体也会有很大差异。确定目标用户的核心准则就两个字：聚焦。首先，你需要对用户群体进行划分、统计，将相似人群聚集在一起；然后，你要从中筛选和定义出自己的目标用户。只有精准地确定产品的目标用户是谁，你才能找准自己的赛道，开发和打造出更具针对性和用户价值的产品。

在确定产品的目标用户时，一般可以从用户画像、目标用户的痛点、心理特征与需求、消费习惯与行为，以及影响决策的因素等几个方面进行分析。接下来，我就详细解析一下，怎样从这几个方面确定自己产品的目标用户。

用户画像

只有描绘出目标用户画像，你才能清楚地知道自己的产品是给谁用的、为谁提供价值。用户画像的核心作用就是为目标用户贴上标签。这些标签通常是人为规定的、高度精练的特征标识，如年龄、性别、兴趣、职业、经济状况等，将它们集合起来，就能总结出一个用户的信息全貌。

以教育培训为例，如果你的 IP 产品想聚焦女性成长领域，那么用户画像就应该包括女性的年龄、婚姻状况、职业、教育背景、收入等。

以下是设定用户画像的两种方案（见表 2-1）。

表 2-1　设定用户画像的两种方案

用户信息	方案一	方案二
年龄	20~50 岁，从大学生到中年职业女性	·20~30 岁：关注职业起步和个人发展； ·30~40 岁：关注婚姻、家庭与职业平衡； ·40~50 岁：关注自我和职场晋升
婚姻状况	未婚、已婚、离异或其他	婚姻状况可以作为用户需求的延伸点，但非核心定位，重点关注用户的个人成长、职业规划和自我实现
职业	从初级职位、中层管理到高级管理，也可以是自由职业者或全职妈妈	选择某一类职业的女性作为主要目标群体，如重点关注高级管理人员，为其提供领导力提升课程，或为初级职位的女性提供职业规划和技能提升的内容
教育背景	大专以上，通常关注教育与个人发展	关注用户的具体教育兴趣和学习习惯，如结合个人发展、技能提升等方面，提供高质量的持续教育内容
收入水平	中等及以上收入	分析用户的消费习惯，如用户更愿意为教育、心理成长、健康管理还是职业投资，根据不同收入水平的用户对价格的敏感度，设计不同层次的产品

与方案一相比，方案二显然细化了用户特征，在此基础上进行的产品定位也会更加精准，从而更容易提高产品的市场吸引力与实际效果。

有了这样的用户画像，你的脑海中就有了相对具象的用户，也就知道自己的产品是要为这部分用户服务和提供价值的。

目标受众的痛点

目标受众的痛点就是你的产品卖点，即你要探索的用户需求点。如果你的产品围绕用户的痛点设计，那么一定会有广阔的市场空间；如果你的产品是瞄准用户的痛点打造的，就具备了成为爆款的基础。

仍然以聚焦女性成长领域为例，对于符合上述用户画像的女性来说，她们的痛点有哪些呢？

经过分析，这个群体的主要痛点可能涉及以下这些方面。

职业问题：在竞争激烈的工作环境中，女性应怎样突破职业发展瓶颈，获得更多的机会。

平衡家庭与工作：女性如何在坚持工作的同时，还能有时间和精力照顾家人。

时间管理：经常感觉自己的时间不够用，不知道如何同时满足工作、家庭和个人发展的需求。

领导力挑战：想在团队或组织中发挥领导力，尤其在可能存在偏见和刻板印象的企业文化中。

职场关系：怎样与同事、上司和下属建立良好的关系。

职业规划：在不同的人生阶段，如何制订和调整自己的职业规划与个人发展目标。

自信与自尊：在工作场所和社交环境中，如何表现得更自信，赢得更多人的尊重。

家庭矛盾与压力：有来自家庭方面的矛盾和压力，应该如何面对和解决。

自我价值感：经常会因为社会和家庭的期望而感到压力倍增，如何提升自我价值感。

自我认知与成长：如何对自己的优势、缺点和发展方向进行更准确的识别。

健康与健身：如何在忙碌的生活和工作中保持身心健康，同时找到合适的时间进行锻炼。

用户痛点一般分为显性与隐性。显性痛点是那些目标受众明确表达出来、直接影响他们日常生活和工作的问题。比如，在女性成长领域，无法平衡好工作与家庭、无法突破职业发展瓶颈等，就属于显性痛点。针对这些痛点，你可以提供相应的解决方案，如开发在线职业指导课程、领导力培养课程等。

隐性痛点一般不容易被觉察，但它们同样会对目标受众产生深远影响。这些痛点可能与目标受众的心理状态、社交需求或自我价值有关。仍然以女性成长为例，她们可能渴望在工作之余找到一些放松身心、提升自我价值感的活动，这就属于隐性痛点。对此，你的产品可以考虑如何满足她们的这些深层次需求。

心理特征与需求

这一步是要分析目标受众的心理特征，以及由痛点所产生的产品需求。通过分析和整理，你可以更好地了解目标受众的痛点以及他们对产品的期望，为 IP 产品的定位与打造提供更有针对性的帮助。

比如，你想在女性成长领域定位并打造超级 IP 产品，那么在了解目标受众的痛点后，就可以对其进行心理特征分析，继而找到她们的需求。如很多女性对个人成长与职业发展有着强烈的渴望，希望能够平衡好工作与家庭；也有很多女性希望提高自己在职场中的竞争力，或者提高领导力、职场沟通能力等职业技能等。这些都符合关注成长的女性的心理特征与实际需求。

消费习惯与行为

一般来讲，人们的消费行为会基于产品的品质、价格、自身需求等因素进行权衡。每个目标用户的需求都不相同，要想让自己的产品更符合用户的需求，你还要了解他们的消费习惯和行为。

比如，在分析女性成长领域中目标用户的消费习惯和行为时，发现她们大多喜欢阅读与个人成长、职业发展和女性生存等主题相关的图书、杂志和线上内容，喜欢参与一些女性职业与个人发展相关的线上、线下活动，有些女性愿意为提升个人能力与职业技能方面的培训课程付费等。

很多时候，目标用户的消费习惯与行为不仅包括消费产品本身，还包括消费产品的延伸服务。有些用户在购买一些课程进行自我提升时，除了关注课程的内容质量、课程的优化与迭代等，还会关注培训老师的授课态度、线下授课的环境与学习氛围。这些也会影响用户的消费决策与行为。

深入了解目标用户的消费习惯、偏好与行为等，不仅能帮助你做好产品定位，还能帮助你更有针对性地优化自己的产品设计与服务流程，不断提升用户体验与满意度。

影响决策的因素

用户是否选择购买你的产品，一方面取决于你的产品能否满足他们的需求，为他们提供所需价值；另一方面也会受其他一些外界因素的影响，如身边亲友、同事的建议或推荐，行业内知名专家的意见，培训机构的声誉与口碑，培训师的资历、经验与声誉等。如果是对价格比较敏感的人，产品定价也是影响其购买决策的因素之一。

无论你要打造的 IP 产品是什么，它都不可能满足所有用户的需求，因此需要通过对目标群体进行分析，了解目标受众的需求和偏好，这样才能进行明确的产品定位。

许多大 IP 在确定目标用户时，很难全面地从以上五个角度进行分析，即使分析了，有时也可能仅停留在表面，未能深入探讨用户的实际需求与行为模式。

学两招将确定用户与产品定位的流程目标化，确保了在服务大 IP 的过程中可以高效、精准地完成用户分析。比如，学两招制定了详细的 SOP，这些流程涵盖了女性成长、财务管理投资、职场技能提升等多个领域，将目标用户的痛点、心理特征与需求、消费习惯与行为，以及影响决策的因素等方面的分析，细化到了每一个具体领域，提供了详尽的参考框架。这样做可以帮助大 IP 更加精准地进行用户定位，确保每一个大 IP 都能够针对自身的核心用户群体，设计出更具吸引力和有效性的产品，提升他们在市场中的竞争力和商业价值。

基于自身优势，找准细分领域

我经常和朋友或同行交流关于个人IP、产品打造及价值提升方面的话题，我发现，有些人在做IP时缺乏"长性"和"定性"，特别容易随波逐流：今天有人说小红书平台大有可为，他马上在小红书平台上疯狂投入；明天有人说视频号会爆火，他又立刻进入视频号平台。结果忙活了半天，发现并没有什么太大的收获。

无论做产品还是做内容，我们都要清醒地认识到自身的优势，再结合当下市场的主流趋势以及自己的目标用户群体，找到适合自己的细分赛道，然后凭借自身优势去做差异化的、满足市场需求的产品或内容迭代，实现长期可持续发展。

那么，如何判断自己在市场上是不是有优势呢？

首先，你要看自己是不是在某方面比大多数人做得更好。比如，你做销售比别人做得好，拥有一套独特的销售策略；或者你做设计比别人做得好，产品总是更具创意；或者你的写作能力比别人强，写出来的内容更吸引人。这些都可以算作优势。

其次，你还要看自己在某方面是不是比其他方面做得更好。比如，你善于演讲，善于收纳，或者你在带团队、做社群方面有不一样的能力。这些也都是你的优势。

基于以上这些优势，你就可以更加精准地筛选出自己能持续输出价值的领域。不论你选择在哪个领域打造超级 IP 产品，在自己的领域不断深耕，才是成长路上的最优解。以核心优势做地基，依靠市场变化不断拓展边界，这就是我们常说的"T 字模型"——先做深，再做广。

举个例子，假如你想在教育培训领域打造超级 IP 产品，那么确定细分领域就是一件非常重要的事。这不仅是一个战略选择，更是决定产品发展方向和品牌潜力的核心步骤。具体来说，它具有以下五点优势。

精准定位用户需求

细分领域可以帮助你更好地理解和满足特定用户群体的需求。通过聚焦特定的学习领域或目标人群，你就能开发出更有针对性的课程产品和服务，从而提升用户满意度和忠诚度。

比如，你通过深入的市场调研，发现职场人士对数据分析和项目管理技能的需求十分迫切，于是便专注于相关领域，推出了一系列专业课程，并通过线上与线下相结合的方式进行推广，迅速吸引了大量职场人士的关注。因为课程内容优质，所以赢得了用户的信任和认可，实现了快速发展。

另一家教育培训机构总是想做多、做广，同时涉足了少儿教育、成人职业培训和老年人兴趣班等，结果因为市场定位模糊，各个赛道发展都不理想，最终难以为继。

这就是是否聚焦细分领域、能不能精准定位用户需求带来的明显差异。

现在做演讲培训的机构和个人 IP 非常多，如果你想在这个领域打造超级 IP，怎样才能在激烈的竞争中找到自己的赛道呢？

关于这个问题的解决，坚持星球的程龙就是一个典型案例。程龙经过多年沉淀，掌握了丰富的公众演讲经验。在这个过程中，他发现很多人因为缺乏演讲能力，错失很多宝贵的机会，急于提高自己的演讲能力。在经过充分的市场调查和了解用户需求后，他基于自己的演讲优势创立了"坚持星球"，用户群体就定位于那些亟须提升公共演讲能力，却苦于找不到方法的年轻人。

由于培训专业、课程系统，他的受众群体不断扩大，一开始只是一些初入职场的年轻人，后来逐渐延伸到职场精英，又延伸到学生群体，甚至是学生家长。于是，他开始对演讲培训的赛道逐渐细分到青少年学习、职场人士成长、社会人士突破自我等方面，并根据每个用户群体的不同需求推出更有针对性的培训课程，提升他们的演讲能力。

赛道划分细致，用户需求定位精准，也让坚持星球的运营越来越好，现在已经成为业内的超级 IP 品牌了。

优化资源配置，构建差异化竞争优势

教育培训机构的资源相对有限，不论人力、物力还是财力。通过细分赛道，你就可以更加充分有效地分配和利用现有资源，专注于某一领域，集中精力打磨优质的产品和服务，提升整体的运营效率和市场竞争力，而不至于因为资源分散造成效率低下、资源浪费。

与此同时，你还可以通过自己独特的产品和服务，构建差异化竞争优势。与其在广泛的教育市场中与大量的竞争对手争夺市场份额，不如在细分市场中树立独特的品牌形象和专业权威，更容易赢得特定人群的信赖，建立自己的品牌和口碑。这种差异化优势既可以在市场中脱颖而出，还可以提高市场进入壁垒，减少竞争压力。

例如，像帆书这样的大品牌，要成为一个全国人民都能用的产品，就不能太细分领域，而是要尽量做全领域。如果你也想在这个领域内站住脚，像帆书那样做肯定行不通，因为会使自己有限的资源被快速分散，还难以形成自己的独特优势。你要做的是优化自己的资源配置，通过细分领域做定位的差异化，构建有差异化的竞争优势，比如做专门分享心理学图书的社群，或者专门做营销类图书的社群等。

树立清晰的品牌形象

打造超级 IP 产品的目的就是要让用户觉得你在某个行业或品类中是最好的，当他们有需求时，会优先选择你。

一个明确的细分领域有助于你的机构树立起清晰的品牌形象，这可以增强你的品牌美誉度与市场影响力。很多时候，用户更容易记住和认可在某一领域深耕细作的品牌。比如，一些专注于心理健康培训的教育机构，通过长时间的积累与专业服务，在用户心中建立起了专业、权威的形象，从而大大提升了品牌的知名度与用户的忠诚度。

提高市场响应速度

市场的需求与趋势都是瞬息万变的，教育培训市场自然也不例外。细分领域可以让你更加敏锐地捕捉到市场动向和用户需求的变化，从而快速响应市场变化，及时调整自己的产品和服务内容，保持市场竞争力。对于快速发展的终身学习类市场而言，灵活性和响应速度尤为重要。

以新东方的在线教育为例，从 2012 年起，随着互联网技术与智能终端的成熟，国内教育行业出现了一股新浪潮，最为突出的变化就是在线教育的兴起。在这一浪潮中，既有传统机构向互联网转型，也有从一开始便立足于互联网教育的创业企业；既有直播或录播的在线课程，也有各学科的在线题库，还有二者的结合体。在这些在线教育培训机构中，有相当一部分机构凭借各种营销手段，快速完成了用户与口碑的初步积累，形成了浩大的市场声浪。

由于赛道划分细致，对用户需求把握精准，新东方很早就捕捉到了在线教育发展的信号。因此，早在 2005 年，新东方便建立了专业的在线教育网站，开始布局在线教育。只不过囿于当时的互联网和视频技术，直到 2013 年前后，在线教育才迎来真正的发展契机。而此时，新东方早已布局完成，在其他教育培训机构刚刚开始集中资源发展在线教育时，新东方已经开始了对线上业务的积极拓展。2014 年，新东方的线上直播教育网站"酷学网"上线；2016 年，新东方又顺应用户需求，成立"优播"，开展线上小班业务。

到了 2018 年，在布局线上业务的同时，新东方又开始发挥线上、线下协同效应，通过线上平台的科技赋能与线下服务的深度融合，实现了"学生有准备地学，老师有针对性地教"。这一模式为学员提供了更加多元化的课程，把教学的各个环节都更加合理地安排到"线上 + 线下"场景中，使学员的学习场景融合互补，既提升了机构全链条教学服务的品质，又提高了培训效率与学员的留存率。

支持长期可持续发展

通过明确细分赛道，专注于某一领域，你还可以不断积累经验和资源，形成独特的竞争优势，继而制定更加明确可行的长期发展战略，为机构的持续发展打下坚实的基础。

对很多女生来说，一到换季时节，总感觉"自己的衣柜中缺少一件衣服"，于是为了穿搭而不自觉地买很多衣服，衣服一多，又容易到处乱放，房间就会变得很凌乱。看到家中乱糟糟的场景，我相信很多女生都会想："要是有人能帮我整理一下衣柜、收拾一下房间就好了！"

"娜家美学整理"就是基于用户的这一需求打造的超级 IP 品牌，它不但可以为用户提供入户整理服务，还能提供相应的整理课程培训。

在很多人看来，这个赛道很窄，不容易打开。但对于打造超级 IP 产品来说，赛道窄并不是坏事，因为窄的赛道才有更多机会变宽。只要你的产品足够好，能让用户持续地体验到价值，就能逐渐形成自己的竞争优势。因此，短短两年多的时间，娜家美学整理便创造出了其他机构六年的成果。

目前，该机构凭借自己的竞争优势，又陆续研发了"全屋规划与整理收纳""空间美学研修班""美学收纳师班""亲子整理"等多门课程，并以"线上＋线下"的模式推出，学员人数持续增长。当大家通过学习这些方法和亲身实践，提升了自己的居住和生活的品质后，幸福感也随之提升，这又进一步增强了用户黏性，机构也因此实现了可持续发展。

可见，确定细分赛道是教育培训机构成功的关键一步。其实不光是教育培训机构，很多领域和行业要想打造超级 IP 产品，都要提前明确定位，了解用户的需求和市场竞争环境，才能更有针对性地做好产品，在激烈的市场中脱颖而出，实现可持续发展。

（第五节）

分析
竞争对手，
突显
自己的差异化

在商业社会，几乎不存在没有竞争对手的市场。只要你的目标市场有发展前景，就一定会与竞争对手狭路相逢。在这种情况下，分析竞争对手势在必行。

通过深入分析竞争对手，你可以识别他们的核心优势、市场定位与产品特点，进而找到自己的市场定位与差异化优势。这不仅有助于你吸引目标用户的关注，建立自己独特的产品和品牌，还可以有效减少价格竞争的影响，从而建立起稳固的客户关系和精准的市场地位。

学两招经过多年的沉淀，打造了一套"竞争对手分析落地工具"。在客户需要学两招赋能时，我们就会利用这套工具帮助客户对其竞争对手进行分析。

这套工具从竞争对手的市场定位、市场份额与规模、课程与服务质量、价格策略、技术与创新、合作与联盟、潜在危险与机会、人才与组织文化、用户反馈与评价等几个方向进行分析，每个方向列出具体的问题，然后让客户根据具体的调研情况与数据给出答案。

比如，在"市场定位"这一方向，我们一般会问客户下面几个问题。

- 谁是你的竞争对手？

- 他们的核心业务是什么？

- 你的竞争对手主要服务于哪一类客户？

- 对方的课程内容和形式是什么？

又如，在"课程服务与质量""价格策略"等方向，我们会这样问客户。

- 你的竞争对手的课程设置和内容怎么样？

- 他们的教学方法和工具有哪些特色？

- 他们提供哪些增值服务，如一对一辅导、线上社区、后续支持等？

- 对方的课程价格如何？

- 他们是否有优惠策略或套餐服务？

这些问题都是在帮助客户了解竞争对手的情况，然后对得出的信息进行分析。你对对手了解得越清楚、分析得越细致，在做产品定位时就会越精准、越有针对性。

以学两招服务过的"壹到拾"学堂为例，壹到拾学堂是一个家庭财商教育平台，致力于财商教育，帮助用户学习理财技能。达成合作后，我们运用竞争对手分析工具，从市场定位、课程内容与形式、价格策略与增值服务等几个方面，帮助壹到拾学堂掌握了竞争对手的关键信息。

首先，从市场定位方面看，壹到拾学堂有两大类竞争对手。

- 竞争对手A：专注于高端市场，主要服务高净值用户，提供高级投资策略课程，定位明确，强调专业化服务。
- 竞争对手B：注重中低端市场，主要服务普通家庭，提供入门级财商课程和基础理财规划，定位更为广泛，覆盖面大。

基于对以上两类竞争对手的分析，我们建议壹到拾学堂专注于大众的财商教育，以普及财商教育为目标，致力于提升大众的财商思维和实际操作能力，定位清晰、明确。

其次，从课程内容与形式方面看，竞争对手有如下特点。

- 竞争对手A：提供高阶课程和个性化服务，内容专业且系统，适合高端用户需求。
- 竞争对手B：提供基础课程和在线讲座，内容适合入门级用户学习，价格相对经济实惠。

基于此，我们建议壹到拾学堂提供从基础到高阶的课程，包括实战训练营与系统服务，课程内容全面且注重实际操作，适合大众的财商通识培训。

再次，从课程服务与质量方面看，竞争对手有如下特点。

- 竞争对手 A：注重实战模拟与专家讲座，课程质量高，但价格相对较高。
- 竞争对手 B：提供社群支持与基础辅导，课程质量中等，价格更具竞争力。

基于此，我们建议壹到拾学堂提供专属社群、私房直播课和专题辅导，服务全面且关注实践，满足大部分家庭的需求。

最后，从价格策略与增值服务方面看，竞争对手有如下特点。

- 竞争对手 A：定价高，针对高端市场，提供定制化服务。
- 竞争对手 B：定价中等，提供优惠套餐，适合大部分家庭。

为此，我们建议壹到拾学堂灵活定价，提供各种课程和增值服务，包括每周直播课、专题辅导、保险规划等，价格策略更灵活和富有吸引力。

通过以上分析，壹到拾学堂清楚地了解了竞争对手的市场定位、课程内容与服务质量，以及定价策略与增值服务等。

接下来，我们要找出自己与竞争对手的差异点，并分析哪些差异可以成为自己的竞争优势。

比如，在市场定位方面，我们为壹到拾学堂提供了以下几点建议：第一，将精力集中在为大众群体提供高质量的财商教育课程上，并通过独特的增值服务填补市场空白，以高频次的互动和实用的辅修课程来增强用户的学习体验感；第二，积极优化资源配置，将有效资源集中在优质课程开发、提供增值服务等方面，将服务效果与市场覆盖率最大化；第三，还要建立高效的反馈机制，确保及时准确地满足用户需求；等等。

通过以上分析和探讨，壹到拾学堂不仅明确了自身的差异化优势，还实现了业务的精准定位，提升了市场竞争力。

需要注意的是，在对竞争对手进行调研和分析时，我们要始终保持客观公正的态度，不要受自己的主观偏见或情感影响，避免片面夸大或贬低竞争对手。除此之外，下面几个问题也要重点关注。

注意深度与广度的平衡

在对竞争对手进行分析时，我们要有一定的选择性。尽管需要全面地了解市场上竞争对手的情况，但也要有所侧重，尤其要对那些关键竞争者进行深入研究。例如，那些与你处于同一赛道的竞争者，或推出的产品与你想要推出的产品很相似的竞争者等，分析他们的优势与不足，寻找属于自己的市场空间。

注重时效性

现在，很多领域和行业的市场变化都非常迅速，一两年甚至几个月就出现了更新迭代。教育培训市场就是这样一个快速变化的领域，新的课程、新的技术、新的教学方法等层出不穷。在这种情况下，分析竞争对手就要注意信息的时效性，一定要分析对方最新的情况和信息。

确保数据来源真实可靠

在分析竞争对手的情况时，我们一定要使用公开和可靠的数据来源，与此同时，还要避免因为主观情感或偏见而导致对竞争对手的误判。只有真实、客观地评价每一个竞争对手的优势和劣势，你才能获得更准确的信息。

识别直接竞争者与间接竞争者

直接竞争者是指那些与你处于相似赛道，并能够提供相似产品的竞争者。对这部分竞争者，你要进行详细的了解和分析，不能错过任何重要信息。

间接竞争者是指那些来自不同行业或领域，不直接提供与你相同或相似的产品、服务等，但满足消费者相同需求的平台或机构。他们的存在和业务发展，可能会影响用户的选择、需求和消费习惯等，从而间接对你的市场地位和业务发展产生影响。

在分析竞争对手时，你既要分析直接竞争者，也不能忽略了间接竞争者。提前了解和分析他们的优势与不足，你就能做好预防，看自己是否可以避开他们可能进入的赛道，或者在他们可能触及的点上提前发力，凭借自身的独特优势率先占领市场。

考虑技术与创新的影响

新技术、新工具或新理念的出现，都可能对市场格局产生重要影响，因此，在对竞争对手进行调研分析时，你还要重点关注对方是否有可能开发出新技术、使用新的工具，或者推出新的理念等。这些也会对你的产品定位产生重大影响。

了解市场反馈与用户评价

市场反馈与用户评价是了解竞争对手优劣势的重要途径。在教培领域，竞争对手的教学质量、课程内容、服务态度等，都是需要重点关注的。了解了这些信息，你才能知道用户更在意什么，自己需要在哪些方面比竞争对手做得更好，才能持续地吸引用户，提升用户黏性与满意度。

长期与短期视角相结合

在分析竞争对手时，你既要考虑他们的当前状况，也要对其未来的发展趋势和策略进行预测和评估。这不仅能帮助你了解当前的市场动态，做好产品定位，还能让你对产品未来的优化与迭代做好准备。

除此之外，在不同的文化和地域背景下，用户对产品的需求和期望可能会有所不同，这可能会影响竞争对手的市场策略。

"知己知彼，百战不殆。"只有将竞争对手分析得透彻、明白，你才能更加清楚地了解自己与竞争对手在产品和服务方面是否存在差异，以及自己要如何定位才能凸显差异化，形成有力的差异化竞争。

第六节

确定 IP 品牌与价值主张

产品定位的最后一步是要确定 IP 品牌，并通过品牌明确产品的价值主张，即清晰、准确地向目标受众传达购买你的产品和服务的原因。这也是 IP 产品品牌建设的起点，如果你一开始就做对了，起了一个易于传播的品牌名称，并传达出品牌的核心价值和长远目标，那么随着经营的持续，就可以逐渐增强品牌的可信度和吸引力，让品牌更加持久地传递价值，实现持续变现。

IP 品牌的名称一定要简洁易记、富有吸引力，能够准确地传达产品的核心价值与定位。一个好的品牌名称是简洁易记、便于传播的，这样的品牌名称通常"自带流量"。同时，一个好的品牌名称不仅能降低用户的认知成本、记忆成本和传播成本，还能让用户产生好感，增加信任。就像华与华董事长华杉所说的："起一个好名字等于节约了一半广告费。"

对 IP 产品来说，品牌名称就是它最重要的资产。品牌名称有两种产权：知识产权与心智产权。通过商标注册，品牌名称获得了知识产权；通过在用户心中树立良好的品牌形象，成为用户的首要选择，品牌名称又获得了心智产权。IP 产品在平台上所有的营销收入，都会积累到它的品牌上，帮助品牌在市场上建立认知，持续积累品牌资产。因此，艾·里斯（Al Ries）和杰克·特劳特（Jack Trout）在《定位》一书中写道："在定位时代，你唯一能做的最重要的营销决策就是给产

打造超级 IP 产品

品起名。"

学两招的合作伙伴、老朋友"新女性创造社",就是一个很容易让人印象深刻的品牌 IP。"新女性"明确指出了该平台的目标受众是当代追求个人成长和发展的女性;"创造社"则强调了这是一个团体、一个社区,它不仅仅是一个单一的教育或成长平台,更是一个女性共同创造和交流的社群。

既然 IP 品牌如此重要,那么该如何确定呢?

在这一点上,学两招已经形成了一套独特的、辅助客户打造 IP 品牌的方法。具体来讲,它可以分为以下几步。

确定方向

在给 IP 品牌起名时,不仅要考虑名称的独特性、识别度和情感共鸣力,还要考虑如何将品牌名称打造成产品的超级符号,从而最大限度地实现 IP 品牌与产品的用户价值和商业价值。

因此,IP 品牌既要能直接传达产品的属性与价值,还要能给用户留下深刻的印象,提高品牌的知名度与忠诚度,实现未来的价值提升与持续变现。这就要求在确立品牌名称时,必须找准方向,体现出产品的定位与核心价值。

在这一步，学两招会从品牌定位与核心价值方面入手，与客户进行深入沟通，引导客户思考并回答以下几个问题。

- 你的品牌要传递的核心价值是什么？
- 你的品牌想给人留下什么样的第一印象？
- 你的品牌使命与愿景是什么？
- 你的品牌目标是什么？

关键词梳理

经过对产品方向与核心价值的深入探寻，学两招的客户会更加明确自己将要为用户创造什么样的价值。接下来，我们会让客户根据以上问题的答案进行关键词梳理。

- 与 IP 品牌相关的关键词。
- 与产品或服务相关的关键词。
- 与核心价值相关的关键词。
- 与个人第一印象相关的关键词。

创意起名

关键词体现出来的内容，就是你的 IP 产品定位所要体现的内容。但是，要想让产品定位更加准确，被更多的目标用户知道和接受，你还要起一个有创意且容易被记住的品牌名称。

我举个例子，在学两招合作的大 IP 中，金星老师的"超级表达星"就是一个很有创意的品牌名字。

在与金星老师沟通时，我们一起探讨了品牌的核心价值与愿景。我们希望为金星老师打造的产品不仅仅是一个培训课程，更是一场表达力的革命，让每一位参与者都能够在舞台上大放异彩，成为他们所在领域内的"超级明星"。

为此，我们做的第一步就是提出一系列问题，帮助金星老师阐明品牌的方向。

- "你的品牌要传递的核心价值是什么？"
  ——提升表达能力和自信心。
- "你想给人留下什么样的第一印象？"
  ——专业、可靠且有能力带来实际的提升。
- "你的品牌使命与愿景是什么？"
  ——帮助用户在公众面前自信表达，成为更好的自己。
- "你的品牌目标是什么？"
  ——成为表达培训领域的佼佼者。

第二步是梳理关键词，从对品牌核心价值的深刻理解出发，将一些重要词语汇总成几个关键词。

- 与IP品牌相关的关键词：表达、自信、技巧、培训。

- 与产品或服务相关的关键词：专业、系统、指导、成长。

- 与核心价值相关的关键词：闪耀、突破、成就、卓越。

- 与第一印象相关的关键词：星光、辉煌、非凡。

第三步就是根据以上关键词，开始为品牌取名。品牌名称不仅要独特，还要能打动人心。为此，我们展开头脑风暴，想了几个可能的名称，并最终确定了"超级表达星"。其中，"超级"象征着卓越的培训效果，"表达"直接指向品牌服务的核心，"星"则代表着辉煌与成功。这个品牌名称不仅完美契合了金星老师的品牌愿景，还具备高辨识度和强烈的情感共鸣，传达出品牌的专业性和目标性，旨在让每一位用户都可以获得全方位的自信提升与表达能力的跃升。

学两招为很多教育领域的大IP确定了IP品牌名称。在这里，我再和大家分享几种比较适用于打造教育培训类IP品牌的起名方法。

第一种是根据创始人或重要人物起名。这种取名方法主要以产品创始人或主要人物为主，如"丁香医生""李阳疯狂英语""石头读书"等。从这些名字直接就能看出这个品牌的创始人或重要人物，而他们也是品牌的"第一代言人"。

第二种是用缩写或首字母缩写起名。比如，VIPKID 是一个提供在线英语教学的平台。其中，"VIP"代表"Very Important Person"，"KID"代表儿童，强调这个平台会为孩子们提供 VIP 般的英语学习体验。

第三种是运用比喻或隐喻的方式起名。这种方法起的品牌名可能不那么直接，但其隐含的寓意却可以很好地传达产品的特点与核心价值。比如，"喜马拉雅"这个品牌，就暗喻了其像喜马拉雅山脉一样雄伟，拥有丰富和高质量的内容资源。

又如，壹到拾隐喻"从一到十"，逐渐增长。在投资领域，数字经常与投资回报、增长和盈利等息息相关，"壹到拾"这个品牌就暗示资本的增长，或者投资策略从初级到高级，为投资者提供全方位的服务。

第四种是通过直接描述产品或服务的核心功能来起名。比如，"一起作业"是一个家庭作业帮助平台，其品牌名称便直接展现了它的核心服务——帮助学生和家长共同完成作业。还有"房爸爸"这个品牌，通过描述性和隐喻的结合，成功地传达了其在房地产培训领域的专业性、亲和性和权威性，并且简短、明确且韵律感强，易于记忆和口口相传。

第五种是以富含寓意的复合词来起名。复合词是由两个或多个词语组合而成的，每个词都有其自身的意义，但当它们结合在一起时，就会产生新的词义，有时可能比单个词更具描述性含义。

拿学两招的合作伙伴拙勇堂举例，品牌名中的"拙"和"勇"分别代表不同的含义，组合在一起便被赋予了新的、深刻的寓意。我曾与拙勇堂创始人子安老师一起认真地讨论过这个品牌名称，"拙"字对应着 IP 进入教育培训领域的三个成长阶段，分别由"拙速""拙守"和"拙藏"组成。其中，"拙速"源自《孙子·作战》中的一句话："故兵闻拙速，未睹巧之久也。"意思是说，打仗时做准备要慢，但动手要快，再精巧的战术一旦成为行动拖延的借口，便毫无意义。打造 IP产品也一样，初入平台阶段，一定要克服完美主义心态造成的拖延，要求自己先完成、再完美。

跨过"拙速"这一阶段，接下来便进入快速成长阶段，这时也容易面对很多诱惑，因此需要以拙守心，方能不忘初心，在心态上做到"拙守"。

在投资理财领域深耕多年，子安越来越感知到，学员在自己这里学到的不仅仅是投资知识和技能，更是一种人生态度。用子安的话来说："你对投资的理解越深刻，越会以谦虚之态热心分享自己的所得，成就他人。"这里的利他、助人并不是要炫耀自我，而是要放下自我，藏锋隐智，将他人装在心中，这就是"拙藏"。

品牌中的"勇"字，则对应了"拙"字的三层含义："拙速"阶段，要有成事之勇，敢于迈出行动的第一步；"拙守"阶段，要有信任之勇，敢于相信自己的选择和能力；"拙藏"阶段，要有谦卑之勇，敢于随时归零，由此心怀大局，再接再厉。

对用户来说，也许不是所有人都能这么深刻地理解拙勇堂这个品牌，但这两个字很好地诠释了拙勇堂求真、利他、精进的核心价值理念。

确定品牌口号

品牌名称、品牌标志与品牌口号三者并称品牌的核心传播符号。品牌口号也是品牌记忆的内容之一，承担着品牌建设与推广的作用，其本质是消费行为的指令。下面这些品牌的口号便是很好的例子。

抖音：记录美好生活。

得到：知识就在得到。

帆书：人生如海，好书是帆。

学而思：每天进步一点点。

知乎：有问题，就会有答案。

……

在确定 IP 品牌的同时，还要为品牌匹配一句核心口号。它的主要作用就是"广而告之"，传达品牌的优势和产品的核心卖点，帮助品牌和产品从激烈的市场竞争中脱颖而出，最好能瞬间抓住目标用户的注意力，连接目标用户的需求，激发目标用户的兴趣与购买欲望。

因此，IP 品牌的核心口号既要简洁明了地传达品牌的核心价值与理念，还要易于记忆，最好可以接地气一些，无须深度思考就能迅速记住。在信息发达的今天，人们接收的信息太多，如果你的品牌口号过于复杂，就会增加用户的记忆成本，进而破坏品牌的辨识度。

以我创立的学两招为例，我为学两招提出的核心口号是："通过技术驱动，帮助优质教育 IP 成为细分赛道'独角兽'。"这个口号不仅仅是一个宣言，更是我们的品牌价值与理念的深刻体现。我一直坚信，真正的 IP 品牌应该是将创新技术与革命性的教育经验结合在一起的，为此，学两招的核心口号也可以从以下三个方面来诠释。

"技术驱动"表示技术是提升教育成果的核心动力。通过不断研发和应用先进的技术，我们可以帮助教育领域的大 IP 首先在技术上实现突破与创新，形成自己独特的核心竞争力。技术不仅仅是工具，更是强化教育、推动变革的引擎。

"优质教育 IP"表示我们专注于与优质的教育 IP 合作，通过定制化的解决方案，帮助他们实现品牌价值最大化。无论课程内容的优化、用户体验的提升，还是市场推广策略的制定，我们都致力于将这些 IP 打造成行业内的佼佼者。

"成为细分赛道'独角兽'"，表示我们不仅帮助客户在教育市场内找到自己的独特定位，更通过精准的市场分析和定位策略，帮助其成为各自领域中的"独角兽"。这是我们对每一个合作伙伴的承诺，同时也是我们不断追求的目标。

在竞争激烈的商业环境中，品牌已成为区分产品、吸引用户并塑造市场地位的核心力量。它不仅仅是一个标识，还传递着一种价值主张与承诺，通过产品质量、服务体验等与用户建立联系。

但是，光有品牌名称和口号还不够，你还要明确地提出品牌的价值主张。这里要注意：价值主张不等同于品牌口号或广告语，更不是传播标题，它所表达的是产品或服务的优势和独特价值。简而言之，价值主张就是要告诉潜在用户：这些产品能为你提供什么价值、解决哪些问题，或者能让你从中获得什么好处，以及如何获得这些好处。

价值主张非常重要，它是品牌的核心理念和产品价值的出发点，同时也是一切营销活动的核心。缺少价值主张的 IP 品牌，就算名字再响亮、口号再动听，也很难真正被用户接纳。

那么，怎样帮助 IP 品牌和产品打造出更有差异化的价值主张呢？

首先，你要明确用户和用户需求。如果你的目标用户是"新时代女性"，那么她们最关心和最希望解决的问题通常是"在个人成长和职业上取得卓越成果"。

其次，根据用户需求，明确你的产品价值，如"为新时代女性提供全方位的支持，包括职业规划、个人成长和生活规划，帮助用户实现全面发展"，然后聚焦产品的核心价值，即你的产品或服务能够为用户带来的最大好处，比如"用户能够在个人与职业上取得卓越成果，过上有结果的人生"。

通过这样的分析与实践，你就可以将以上信息整合成一句话，作为自己 IP 品牌和产品的价值主张："通过全方位的支持，帮助新时代女性实现生活和职业的卓越成长，过上有结果的人生。"也可以再提炼一下，即"让新时代的女性过有结果的人生。"

这就是学两招在辅助新女性创造社进行产品定位时所提炼出来的品牌价值主张。

价值主张不能只作为一句口号存在，而是要实实在在地作为指导 IP 产品定位、运营和决策的基础与依据。在打造超级 IP 产品过程中，始终如一地传递和强化价值主张，可以树立良好的品牌形象，增强用户对品牌和产品的信任感，帮助企业在激烈的市场竞争中脱颖而出，实现持续的发展与成功。

确定了 IP 产品的定位，以及品牌名称与价值主张后，你就可以围绕这些要素打造产品了。如果你已经有了一款不错的产品，那么可以思考一下，这款产品能否通过更清晰的定位找到新的增长点；如果你想打造一款新产品，在明确定位后，就可以思考通过哪些方式为哪些核心用户解决哪些核心问题了。

第三章

构建结构化的
矩阵式
产品体系

很多企业或机构的产品看起来覆盖面很广，其实一味地堆砌，没有发挥出良好的叠加优势，反而可能因为产品同质化而导致"自相残杀"。还有一些企业或机构希望"一招鲜吃遍天"，用一类产品解决全部问题，却忽略了用户的需求并不固定。

结构化的矩阵式产品体系就是围绕 IP 品牌设置的一道又一道"护城河"，确保企业或机构可以在市场竞争中留下足够丰富的、可以满足用户需求的产品，以应对市场变化与用户的多样化需求。简而言之，建立优秀的产品体系不但能满足广泛的用户需求，提升市场竞争力，更是推动 IP 品牌持续变现的有效途径。

打造 IP 产品的八大误区

从本质上讲，IP 的生命力源自持续的产品创新与内容产出。随着 IP 的广泛传播和影响力增强，最终实现商业价值。

以得到为例，它正是通过持续产出深度的内容与多样化的学习产品，逐步塑造了其独特的 IP 形象。

得到不仅汇聚了众多领域的权威专家与学者，打造了包括"薛兆丰的经济学课""香帅的北大金融学课"等一系列现象级课程，还不断创新产品形态，形成了如"每天听本书"等产品，满足了不同用户群体的学习需求。这种持续的内容产出与迭代方式，不仅巩固了得到作为高品质知识服务平台的定位，更进一步提升了用户的求知欲与品牌忠诚度，形成了极强的用户黏性，同时也让得到这个品牌的影响力不断攀升。

从整体上看，超级 IP 产品的打造就是"构建价值系统＋赋能"，做好这一步即可产生流量和连接能力，为用户创造价值。教育培训机构要想持续发展，产品的重要性不言而喻，它不仅是机构与学生之间的纽带，更是机构品牌的核心体现。没有优质产品的支撑，再强的营销手段也难以长期维持。无论是线下课程、线上直播，还是训练营或其他形式的产品，都是机构传递价值、实现教学目标的核心载体。

学两招在为一些教育培训机构赋能时，发现它们在打造IP 产品过程中常常陷入一些误区，造成前期付出很多努力打造出来的产品，无法真正发挥其价值。我对这些误区进行了深入的分析和总结，发现大家主要容易陷入以下八大误区。

误区一：过度依赖营销，忽视对产品的打磨

我们在调研中发现，很多教育培训机构会把大量的时间和资源投入营销活动，却忽视了对产品的打磨。他们认为，强大的营销手段可以吸引更多的粉丝关注、积累流量，从而弥补产品的不足，做到快速变现。

在短期内，这种营销手段确实可以吸引目标用户的关注，甚至让他们愿意付费购买产品。但是，如果产品质量不过关，用户使用后觉得体验不佳，无法获得自己期望的结果和价值，很快就会对机构的产品和品牌失去信心，导致黏性和持续变现率降低。长此以往，机构将难以维持稳定的生源和良好的口碑。

误区二：产品层次单一，缺乏结构性

一些机构会比较关注产品质量，但只提供单一层次的产品，缺乏结构性和层次性，无法满足目标用户的多样化需求。例如，只提供线下课程，或者仅提供某个学科的线上录播课。

用户的需求是多样化的，不同的学习阶段、学习目标和学

习习惯，都需要有不同类型的产品来满足。机构只提供单一层次的产品，难以覆盖所有用户，既限制了机构开拓市场空间，也会导致用户转化率难以提升。

误区三：产品过于庞杂，求"全"而不求"精"

有些企业或机构希望能快速提高市场覆盖率，最大限度地吸引有效用户，就会尝试推出多而全的产品，试图满足各种用户的需求。殊不知，这种求"多"求"全"的做法很容易造成产品同质化，内容缺乏独特性，难以吸引用户的注意力。即使用户付费购买了，后期的体验感也会下降，影响他们对产品和品牌的信任。而且，过于庞杂的产品会导致成本增加，企业或机构不得不投入大量的人力、物力，用于产品的开发、宣传、维护和用户服务等。这样做既造成了资源的浪费，还降低了整体的效率。

误区四：重视线下，忽略线上

一些传统的教育培训机构更加重视和依赖线下课程，忽视了线上教育的潜力。在他们看来，线下教育可以直接触及用户，因此更能保证教学质量和用户体验。在这种观念的影响下，即使他们跟风开发了一些线上课程，也只是将线上课程作为辅助手段，不予重视。

事实上，随着互联网技术的发展，线上教育的需求越来越大，用户的接受度也越来越高。忽视线上教育的发展，机构将失去大量的潜在用户和市场机会，也难以应对突发事件带来的线下教育中断风险。

误区五：只做录播课，忽视互动性

有些教育培训机构出于节省资金等方面的考虑，只提供录播课程，忽视了直播课程和其他互动形式教学产品的开发。在他们看来，录播课程不仅制作简单，还可以反复使用，是一种低成本、高效益的产品形式。

与直播课或其他互动性产品相比，录播课确实有制作成本低、反复使用等优势，却缺乏个性化和与互动性，难以激发用户的学习兴趣和主动性。有些用户即使花钱购买了课程，也不一定能坚持上完，这就很难产生持续的消费行为，导致课程变现率有限。直播课程与其他互动形式的产品，不但能提供及时反馈、答疑解惑和个性化指导等服务，提升用户的学习效果和满意度，还能让用户更直观地感受到产品价值，为后续的持续购买打下基础。只有用户持续购买，产品才能持续变现。

误区六：过分依赖直播课

既然只做录播课持续变现的效果不理想，那么多做直播课是不是更好呢？这也是一些教育培训机构的想法。为此，他们将大部分的资源都投在直播课上，认为直播课可以带来及时的互动性和高参与度，从而实现高变现率。

直播课确实具有互动性强、实时反馈、快速变现等优势，但同时也存在很多缺点，如有时间限制、依赖培训老师的表现等，同时还容易导致教学内容的重复性与用户的疲劳感。要避免这些负面影响，机构就要开发和打造多种形式的产品组合，最大限度地满足用户的多样化需求。

误区七：缺乏系统思维，产品不成体系

我们在调研中发现，很多教育培训机构在开发产品时，只注重个别课程，缺乏系统性的产品体系规划，也缺乏整体的产品战略。这就导致产品之间缺乏关联和协同效应，难以形成完整的学习路径和闭环服务。用户在不同阶段的需求无法通过连续的课程得到满足，不仅会导致学习效果不佳，还会快速流失，机构的转化率便难以提升。

误区八：忽视产品创新，缺乏持续改进

一些机构在推出产品后，认为产品开发的过程已经完成，就可以长期使用了。殊不知，缺乏对产品的持续改进和创新，就无法持续地满足用户的需求。因为市场和用户的需求是不

断变化的，相应的产品也必须能跟上这种变化。产品唯有持续改进和创新，才能保持竞争力。缺乏创新的产品很容易被市场淘汰，机构也会因为产品陈旧、内容过时而流失用户。

在分析误区的基础上，我们也了解了教育培训机构在打造产品方面的现状，更加清晰地发现了问题所在。比如，产品种类不足，尤其是在提供多样化学习体验方面存在短板，缺乏"线上＋线下"相结合的综合式教学产品，缺乏适应不同学习阶段和不同需求的个性化产品等。

又如，一些机构开发的产品质量参差不齐，尤其是在产品内容、教学方法和服务标准方面，缺乏统一的规范和标准，结果导致用户学习效果不佳，满意度下降，进而影响机构的口碑和变现，阻碍机构的长期发展。

还有一些机构在开发产品时总想做大、做全，希望能涵盖所有领域。殊不知，做大、做全远不如做深、做透。很多机构或大 IP 都将自己的产品定位为"大而全"，上来先排一个"知识地图"，强调自己的产品会讲透 ×× 领域的所有知识，甚至将产品分为 4 个流派、9 个维度、20 个模块，每个模块下设 10 个小节……什么都想做、什么类型的用户都想覆盖的机构，最后反而什么都做不成。

对很多机构或大 IP 来说，产品是确保其能够持续发展和变现的基石。产品做不好，不仅影响用户的学习体验和满意度，还会制约机构或大 IP 的长远发展与市场竞争力。如果机构想持续发展，不仅要打造出优质的 IP 产品，还要构建多样化的产品体系，让每种产品都能实现独特的功能。

让产品从"维生素"变成"止痛药"

我在和一些大 IP 或机构沟通如何打造 IP 产品时，一般都会问他们一个问题："你打算把自己的产品打造成'维生素'，还是打造成'止痛药'？"

很多人的答案都是"止痛药"。因为止痛药可以有效缓解疼痛，是刚需，维生素是锦上添花，短期内无法感受到成效。

现在，很多企业、机构在初期提供的产品或服务都像是锦上添花的维生素，一旦它成为用户生活中一部分，就会像止痛药一样不可或缺。

打造 IP 产品也是如此。在初期阶段，你可以用"维生素"来吸引用户。要想持续地吸引用户并实现变现，就要让你的产品从"维生素"变成"止痛药"。一旦用户对你的产品形成了使用习惯，你就能创造更多的用户价值，并获得更大的价格灵活性，以及更强的市场竞争优势。

在产品同质化日益严重的今天，越来越多的大 IP 已经清醒地意识到，仅靠庞大的粉丝量和流量并不足以构成竞争优势，用户对产品的依赖才是决定其商业价值的关键。只有用户对产品使用形成习惯，并认为产品真的可以解决自己的问题、满足自己的价值需求，才会对产品产生认同感和忠诚度。

在这种市场环境下，打造高质量的 IP 产品至关重要。产品是价值的核心载体，无论线下课程、线上直播，还是录播课、训练营，都离不开优质产品的支撑。优质的产品不仅能吸引新用户，还能留住老用户，形成良好的口碑传播和品牌忠诚度。那些使用你的产品后感到满意的用户，有可能主动向身边的人推荐，这能为你带来更多的潜在用户，实现自然的口碑营销。

不仅如此，产品质量也直接关系到你的 IP 品牌形象打造。优质的产品可以树立良好的品牌形象，提升产品和品牌在用户心中的地位和信任度。这不仅能为品牌带来更多的优质用户，还能让品牌保持市场领先地位，实现长期稳定的发展。

既然产品如此重要，那么什么样的产品才算优质产品，能够成为用户的"止痛药"而不是"维生素"呢？

根据我的经验总结，我认为符合当前市场需求的优质产品应该达到以下三个基本标准。

标准一：建立结构化和有层次感的产品体系

现在，很多大 IP 在产品方面做得都不是很理想，陷入很多误区。事实上，要想在竞争激烈的市场中脱颖而出，必须建立结构化和具有层次感的产品体系，通过不同的业务线与产品组合，打造一个产品集群。在这个产品集群中，不同的业务线扮演着不同的角色，使产品可以覆盖不同的用户需求，通过协同效应驱动用户增长，在市场上形成强大的竞争优势。因此，构建产品体系最重要的是如何对产品角色进行规划。

一般来说，具有结构化和层次化的产品体系可分为兴趣产品、引流产品、爆款产品、利润产品、衍生产品等几大类。这几类产品各司其职，可以满足用户的不同需求。产品体系设计得合理、科学，就能对用户增长起到良好的促进作用。尤其是在流量红利逐渐消失的今天，引流产品对于用户增长尤为重要，而且有的时候引流产品也兼具了利润产品的职能，既能带来流量，又能贡献利润。

标准二：每种产品都要有解决用户痛点的能力

在当前形势下，IP 产品要想吸引用户，不仅需要多样化，还必须能够解决用户的实际问题。以教育培训机构打造的 IP 产品为例，教育产品的核心在于为用户创造价值，所以每种产品都应该围绕用户痛点进行设计，解决用户在学习中的各种问题，包括时间、空间、效率、成本和效果等方面的挑战。

具体来讲，教育培训机构推出的产品应帮助用户解决以下四种常见的实际问题。

时间问题：能够通过先进的视频技术和移动教学手段，为用户提供灵活的学习时间安排，用户可以通过云计算、远程教学技术等利用碎片时间在线学习。

空间问题：能够为用户提供线上课程和混合式教学，确保用户不管身在何地，都能进行学习。

效率问题：利用 AI 和大数据分析等技术，为用户提供个性化学习和智能辅导。比如，采用互动式教学、分层教学和提供个性化学习路径等，帮助用户提升学习效率。

成本问题：为用户提供价格多样的产品形式，从低价或免费课程开始，逐步引导用户付费购买高价值的课程。当然，在这个过程中也要通过降低平台的运营成本，最大限度地为用户提供性价比高的产品。

效果问题：为用户设计高质量的课程内容，并通过数据驱动的评估系统和智能反馈机制，确保用户取得显著的学习效果。

只有确保每个产品都能解决用户的实际痛点，并且利用技术提升解决方案的效率和效果，品牌才能真正回归打造产品的初心，为用户创造实际价值。

标准三：解决用户的学习路径问题和营销转化路径问题

一个优秀的产品体系，最终应该达到两种效果：一是可以解决用户的学习路径问题；二是能够很好地解决营销转化路径的问题。

1. 解决用户的学习路径问题

为用户设计一个清晰的学习路径，不仅能为用户提供明确的学习方向，还能帮助用户积累学习经验，提高学习效果。

在为用户设计学习路径时，可以从以下五个方面入手。

设计系统化的课程：这样的课程设计可以帮助用户实现从基础到高阶逐步提升能力的目标，满足用户不同阶段的需求。

设计分阶段的学习目标：明确的学习目标可以激励用户不断前进，而在每个学习阶段都为用户设计具体的学习目标和任务，不仅能帮助用户设定合理的规划，还可能对用户的学习情况进行阶段性评估与反馈，帮助用户调整学习策略。

设计个性化的学习路径：根据个体差异，为用户提供个性化的学习路径，可以满足其不同需求和学习习惯，提高用户学习的自主性与满意度。

课程做到实践与应用相结合：既有理论又有实践的课程，能够增强课程内容趣味性和实用性，帮助用户更好地理解和掌握知识，提升实际操作能力。

提供持续的学习支持与反馈：及时为用户提供持续的支持与反馈，帮助用户解决学习中遇到的问题，可以激励用户再接再厉，提升学习效果。

学习路径对用户来说十分重要，可以让他们清楚自己目前所处的位置，以及未来会取得什么样的结果。这样的目标也能激励用户在学习时更加积极，为接下来的课程做好准备并按时完成课程，并且让他们产生成就感，为持续学习打下扎实的基础。

2.解决营销转化路径的问题

优秀的产品体系不仅能有效促进用户的转化，使其从潜在用户转变为付费用户，再转变为长期用户，还可以解决持续增长的问题。无论教育培训机构还是其他领域的大IP，要想长久发展，都离不开变现与增长，因此你必须设计一个科学合理的营销转化路径。

关于营销转化路径的设计，我认为可以按照以下四步进行。

引流与获客：吸引潜在用户，扩大用户基数，这样可以扩大市场份额，提高产品和品牌的知名度。

提升用户参与度：高参与度可以提升用户黏性，由此提升学习效果，而且用户积极参与也可以带来更多的口碑传播与用户推荐，从而提升产品的知名度。

转化与成交：有效的转化策略可将潜在用户转化为付费用户，提升产品的盈利能力，增加利润。

提高用户留存率：用户的高留存率和高忠诚度，可以确保机构或 IP 品牌获得稳定的利润与长期发展；与此同时，用户持续地参与并保持较高的满意度也能带来更高的续费率，从而提升产品在市场上的竞争力。

通过对学习路径与营销转化路径的设计，你不仅能有效帮助用户提升学习体验感，还可以提升产品的转化率。尤其在用户习惯了你的产品，每天都要跟着你的课程内容学习、打卡、分享，并清晰地感受到课程带给自己的改变时，产品对用户来说，就已经从"维生素"变成了"止痛药"，品牌和机构也由此走上了持续变现和增长之路。

矩阵式
产品体系的
设计方法

小米的生态体系是用寻找竹笋的方式来做投资的——在竹林中寻找好的"竹笋"，看到哪个好就孵化它。经过小米的孵化，这根"竹笋"快速长成"竹子"；然后再有好的"竹笋"再孵化……最终，这片"竹林"就构成了小米的整个生态系统。这就是小米提出的"竹林效应"。

对大 IP 或机构来说，IP 产品就像你孵化出来的竹笋，产品体系就是那片竹林。拥有成熟的产品体系，即使其中的某个产品进入生命周期的衰退期，你还可以孵化其他新产品。只要整个产品体系还在，IP 品牌就不会倒。由此可见，产品体系的设计和构建非常重要。

有了产品体系，锁住了用户注意力，你就可以从用户身上获取更多的收益，甚至可以让用户成为团队中的一员，帮你推广产品，为你创造更多的价值。这样你就能够在用户身上获得终身价值。

要想得到这样的结果，必须做好自己的产品体系设计。你可以把产品体系理解为产品组合，但产品绝不是随便组合在一起，而是遵循一定的原则和逻辑。这个原则和逻辑也决定了你能否通过产品实现被动成交以及持续变现的目标。

学两招在孵化许多教育培训机构成为细分赛道独角兽的过程中发现，很多从业者并不清楚产品体系中该有哪些产品形式，更不清楚这些产品背后的设计逻辑，这就导致产品变现后劲儿不足，难以持续。我经常遇到一些大IP、自媒体达人，他们坐拥几百万粉丝，每年却只能变现三五百万元，这就是没有设计好产品矩阵的结果。

那么，产品矩阵中都有哪些常见的产品形式呢？我们该怎样把不同形式的产品组合在一起，才能设计出可以锁住用户终身价值、实现持续增长的产品体系呢？

IP产品的常见形式

目前，IP产品的常见形式包括录播课、直播课、训练营、约见、线下课、商城和套餐等。构建矩阵式产品体系也是以这些产品形式为基础的。我以教育培训机构打造IP产品为例，分析一下这些产品类型的特点与设计原则。

1. 录播课

录播课是预先录制好课程内容，用户可以根据自己的时间安排进行自主学习。这种课程形式灵活便捷，能满足用户不同的学习节奏和学习需求。

录播课一般分为兴趣录播课和引流录播课，目的都是激发用户兴趣，吸引用户参与，为产品获取流量，为向市场推广打下基础。

录播课可以放在第三方平台进行推广，吸引更多的用户了解和使用；也可以利用合伙人推广，帮助教育培训机构扩大产品和品牌的市场影响力。

2.直播课

直播课是通过网络实时授课的产品形式，用户可以与讲师进行实时互动。这种产品形式既能提高用户参与度，又能让机构及时获取用户反馈。这类课程适合需要高度互动的学习内容。

直播课可分为兴趣直播课、引流直播课和高价值直播课。其中，高价值直播课的专业性较强，内容更加优质，可以有效提升产品的品牌形象。

直播课既可以通过各大直播平台进行推广，也可以利用合伙人推广。但在推广前要注意，一定要确保课程内容准备充分，并设计一些有趣的互动环节，如问答、讨论、投票等，调动用户参与互动的积极性，同时积极回答用户的问题，增强用户的学习体验。

3. 训练营

训练营是一种集中学习的方式，通常在特定时间内，针对某一个主题或技能对学员进行系统性训练，帮助学员在较短时间内实现特定目标或技能提升。

训练营一般分为日期训练营和闯关训练营两种。日期训练营是在规定时间内集中授课，学员需要按照课程安排进行学习；闯关训练营的学习模式比较灵活，学员可以根据自己的节奏进行学习，只要在特定时间内通过一定数量的"关卡"即可。

4. 约见

约见的形式比较个性化，学员通常会与讲师或专家进行一对一线上或线下交流，讲师或专家会根据学员的具体要求和遇到的问题，提供量身定制的咨询指导服务。

这种学习方式的灵活性很高，学员可以根据自己的实际情况，选择合适的时间约见讲师或专家，并且在一对一的环境中与对方深入探讨问题，获得更为详细和具体的指导方案。

5. 线下课

线下课是一种传统的面对面授课形式，通常在教室或培训中心进行。在上课时，学员可以与讲师和其他学员直接交流，从而提高学习的兴趣与参与度。有些技能类课程，机构还可以提供实操机会，帮助学员更好地掌握实践技能。

6. 商城

商城是指提供各种相关产品或服务的平台，通常包括课程、图书、工具包、实物产品等。在商城中，用户可以了解到更多类型的产品形式，并能直接下单，购买的便利性大大提高。对企业或机构来说，这种方式还能有效拓展产品线，增强 IP 品牌的信誉度与市场影响力。

7. 套餐

将多种产品或服务捆绑在一起，以比较优惠的价格提供给用户的组合产品，就属于套餐产品。通过购买套餐，用户可以享受到比单独购买产品更优惠的价格，因此购买意愿也会相对较强。套餐产品能根据不同用户的需求将不同的产品进行组合，帮助用户获得更加灵活的选择空间。

产品体系设计的基本原则

构建 IP 产品体系，需要针对不同消费者群体的需求推出多样化的产品，满足不同用户的需求。同时，由于不同的产品定位于不同的细分市场，那不同的 IP 产品可能在不同的细分市场都有竞争力，从而抢占市场先机，提升产品竞争力与用户对产品的认知度、忠诚度。

那么，产品体系如何设计呢？我认为，产品矩阵设计应该遵循以下四条基本原则。

第一，产品体系中的每个产品都应与 IP 品牌定位一致，确保传递的产品价值与品牌核心理念相符，增强产品与品牌的整体影响力。

比如，你的 IP 品牌定位是"财务管理投资"，那么产品体系中的每个产品定位都应与"财务管理投资"是一致的，不能有的产品是关于财务管理投资的，有的是关于职场技能提升的，这就会给用户造成一种课程杂乱、不够专业的感觉。

第二，产品体系应包含多种类型产品，如兴趣产品、引流产品、爆款产品、利润产品、衍生产品等。这种多样性可以吸引拥有不同需求的用户，并在用户需求的各个阶段提供相应的价值。

同时，产品体系还应涵盖线上和线下两种形态，深度融合二者的优势，以满足用户在不同场景下的需求。一般来讲，线上产品可以提供覆盖面，线下产品则可以增强用户的参与感和实践性。

第三，产品体系中应该有一个核心产品或一条核心业务线，这是构建产品体系的基础，其他产品或业务都要围绕这个核心展开。这个核心产品或业务线也是消费者购买你的产品的根本原因——它可以满足用户真正需要的功能或服务。

第四，产品体系的设计应兼顾价格层次，既要有价格经济实惠的产品，也要有高端定制的产品，以满足不同消费能力的用户需求。

关于产品定价，有个原则希望大家记住：定价取决于产品能为用户创造多少价值。如果你能为对方创造1万元的价值，那么你的产品定价1000~2000元是合理的，但你定价1万~2万就不合理。一般来讲，产品矩阵中每个产品之间的价格差最好设置在5~10倍，这样的产品体系才更合理，也更容易让用户持续复购。

严格来讲，矩阵式产品体系是"一横一纵"的组合。"横"是指产品体系是由若干业务线组成的，"纵"则指每条业务线是由若干产品组成的。产品的"横"和"纵"构成了一个稳定的、相互支撑的矩阵，其中每条业务线下的产品又可以形成不同的产品组合，从而形成一种多维的、立体的、交叉的增长模型。

值得注意的是，矩阵式产品体系中的产品并不是越多越好。在构建矩阵式产品体系时，你要根据自己的战略方向、业务情况、竞争环境等进行综合考量。一般来讲，大 IP 或机构在打造矩阵式产品体系时尽量遵循"最大化覆盖，最小化交叉"原则。也就是说，不同产品要覆盖不同的用户需求和场景，以避免产品用户需求的重度重合。否则，你的产品之间就会"自相残杀"，不但无法更好地满足不同用户的需求，还会影响各自的转化率。矩阵式产品体系要想真正发挥作用，就要在设计时努力让产品之间产生组合和协同效应，共同推动产品的整体发展。

矩阵式产品体系设计的完整路径

在打造 IP 产品体系的过程中，构建从兴趣产品到利润产品的完整路径至关重要。这条路径应该包含两种主要类型的产品：一类是可以吸引用户关注并带来流量的兴趣型产品；另一类是能够产生现金流和利润的利润型产品。在打造这条路径的过程中，我们不仅要考虑用户的需求和心理变化，还要确保产品在不用阶段可以有效引导用户深度学习与消费。

接下来，我就从不同的产品类型入手，和大家分享一下如何构建一条从兴趣型产品到利润型产品的完整路径。

兴趣型产品

兴趣型产品是指以低价或免费等形式提供的产品，其主要目的就是吸引用户的注意力，激发学习兴趣，并引导他们深入了解品牌及后续产品。

既然是兴趣型产品，那么在设计时就不能设置过高的购买门槛。比如，可以设置为 1 元试听的短课程，或者直接让用户免费试听，吸引更多的用户关注和尝试。

为了留住用户，兴趣型产品的课程内容应设计得简洁有趣，最好能有相应的故事或案例，在激发用户兴趣和好奇心的同时，可以迅速传达产品的核心信息和价值主张，让用户能快速理解自己能从产品中获得什么，避免用户因感觉内容复杂而流失。

兴趣型产品一般包括短视频、迷你课程、试用体验产品，以及一些互动问答、挑战活动等产品形式，目的都是让用户在短时间内获得实用知识，或者增强用户的体验感和参与感，促使用户下一步做出购买行为。

引流型产品

引流型产品也叫流量型产品，是指在用户初步体验兴趣型产品后，以相对较低的价格提供给用户的产品，旨在引导用户进行更深入的学习和消费。这类产品一般是产品体系中销量最高的产品，能够为产品体系中的其他产品带来巨大的流量和市场覆盖率。

在设计引流型产品时，内容一定是高质量的，是能够代表整个产品体系的价值的。在这一点上，我见过很多吃过亏的大IP，他们觉得既然是引流型产品，只要能引来流量就好，至于内容，东拼西凑做出来就行，不愿意讲真正的干货。结果，引流型产品不但没有吸引新粉丝，反而丢失了许多老粉丝。

引流型产品的最大价值是积累流量，建立信任。它和其他类型的产品一样，容不得半点马虎，否则覆盖面有多广，

"杀伤力"就有多强。因此，内容必须针对用户在学习过程中遇到的常见问题，提供切实可行的解决方案，这样才能让潜在用户看到你的产品能为其提供的价值，并且对你的产品产生信任。

既然引流型产品的目的是引流，那么，它该如何定价呢？

首先，最好不要免费，哪怕只设置为 1 元或 9.9 元，也比免费强。因为在很多人看来，免费的往往没有好东西，更糟糕的是，由于没有门槛，吸引来的用户往往是些只想占便宜的人。这会直接影响那些真正想学习、想与你建立连接的用户。

至于定价多少最合适，我认为并没有一个固定说法。只要你觉得某个价格能卖出去且能带来复购，那么这个价格就是合适的。

其次，不要定价太高，一般价格设置在 99~299 元比较合适，以降低用户的购买门槛。

引流型产品的合理设计，对后续产品的转化效果影响非常大，可以促使潜在用户自然过渡到更高阶的产品，形成良好的消费习惯。同时，通过用户在使用引流型产品时产生的行为数据，你也可以进一步了解他们的需求和偏好，为后续产品的开发和优化提供依据。更重要的是，有效的引流型产品还能为后续的利润型产品打下基础，提升用户的转化率和复购率。因此，它也是整个矩阵式产品体系中非常重要的一环。

还是以小米为例，除了手机业务，小米还有互联网、新零售等业务。虽然小米手机的销量很大，但小米真正赚钱的、利润最高的并不是手机业务，而是互联网业务。手机就属于小米的引流型产品，小米通过手机"低价"的特点，吸引更多的用户，然后将这些用户的价值扩展到其他产品和业务上，实现从单线增长到立体结构性的增长。

引流型产品的形式多样，其常见形式包括细分问题的长录播课、三天线上训练营、半天线下体验课等。既可以是针对特定技能或知识的线上课程，也可以是让用户亲身体验的线下课程，目的都是让用户在短时间内体验到产品的内容和价值，在潜移默化中引导他们进行更深层次的消费。

爆款产品

爆款产品通常是指在市场上具有高转化率和良好口碑的产品。它可以真正解决用户痛点，为用户带来显著的价值，并激发用户深度学习和参与。简而言之，爆款产品可以带来海量用户，产生极致口碑，从而在用户心中树立良好的品牌形象。所以，在用户对产品品牌产生信任并愿意购买后，及时推出更具深度和系统化的爆款产品至关重要。

举个例子，坚持星球打造的"21天'开口成金'演讲训练营"，就是一款爆款产品。这款产品采用了独创的"学、练、评、赛"闭环学习法，通过小班教学和一对一点评的方式，让学员感受到个性化的陪伴和反馈。在授课时，讲师很注重实战演练，比如通过语音、视频打卡和班级分享等多种形式，让学员在真实的场景中磨炼演讲技巧，帮助学员有效解决演讲中遇到的各种问题。

　　该训练营一经推出，很快便获得了大量用户的关注，转化率也非常可观，在市场上赢得了极佳的口碑。为了进一步提升用户体验，坚持星球又对课程内容进行了持续的迭代优化，后期用户数量激增，不仅转化率翻倍增加，还在行业内成功地树立了品牌形象。

　　爆款产品的设计必须基于对目标用户的深刻理解，确保产品能够解决用户最迫切的需求。同时，产品内容要有逻辑、有条理、有独特亮点，最好可以分模块设置，确保用户可以逐步学习和掌握其中的内容。同时，机构应根据用户反馈和市场进行及时调整产品，以保持产品的相关性和有效性。

　　爆款产品一般包括高质量的录播课、21天线上训练营、三天线下课、一对一线上约见等。机构通过这些形式为用户提供高质量的产品，不但可以有效推动用户从购买爆款产品顺利过渡到购买利润型产品，还能通过用户口碑传播的方式，吸引到更多的潜在用户，扩大品牌影响力，使 IP 产品与品牌在激烈的市场竞争中脱颖而出。

利润型产品

顾名思义，利润型产品就是那些能够解决用户核心需求，并可以为商家带来显著利润的高价产品。

在成功的矩阵式产品体系中，利润型产品的打造是实现 IP 品牌长期可持续发展和经济效益的关键环节。要想做好利润型产品，首先，必须明确针对用户的具体需求；其次，为用户提供高品质、高价值的解决方案；最后，确保用户在购买后能够获得实际的价值，增强用户对产品和品牌的信任度与依赖感，提升用户复购率。同时，高质量的产品还可以树立品牌的专业形象，提高市场认知度。

需要注意的是，在设计利润型产品时，要使其与引流型产品的主题和内容具有强关联性，但比起引流型产品，对利润型产品的品质应有更高的要求。

比如，你的利润型产品是与引流型产品同主题的课程，那么利润型产品的完整性与丰富度至少比引流型产品高 50% 以上。举个例子，如果你的引流型产品是一门录播课，那么利润型产品的交付就应该是同主题课程的直播课和课后辅导，或者直接转为线下面授课，并且要增加 50%~70% 甚至更多的升级内容。

要想让利润型产品持续地创造利润，你就要拿出自己的看家本领，打造出真正高品质、超过用户期待的产品，给用户制造惊喜感。这个时代不缺有品位、有购买力、追求美好产品的用户，缺少的恰恰是独具匠心的产品。只要你有能力打造出更多的优质产品，真正解决用户的难题与痛点，就一定会持续获得利润。

利润型产品的主要形式包括为用户提供深入学习和实践机会的高阶课程、一对一个性化辅导服务，以及提供持续咨询支持、社群交流等方式的增值服务。这些产品往往包含高价值的内容，因此定价相对较高，属于整个 IP 产品体系中最为关键的一环。利润型产品做好了，品牌和机构就能利用它筛选出真正的忠实用户；做不好，你的 IP 也可能跟着崩塌。

以上四类产品各有特色，也各有价值，兴趣型产品与引流型产品相当于为你的 IP 积累流量、建立信任；爆款产品则是让你的 IP 秀出特色，让用户看到你的价值；利润型产品则给你的 IP 拔高势能，为品牌筛选忠实用户，确保你的 IP 能够持续盈利，打造品牌标杆。这样的产品体系不仅能让 IP 产品持续盈利，更能提升 IP 品牌在用户心中的美誉度。

矩阵式产品体系打造的关键：爆款产品

大家对"二八定律"都不陌生，它的意思是说，在世界上的任何事物中，重要的内容只占大约20%，剩下的80%都不是那么重要的，或者说是次要的。

我们也可以用二八定律来解释IP产品中的爆款产品，虽然爆款产品只占全部产品品类的20%，但它的销售额却能占到总销售额的80%左右。做教育培训的大IP都知道，一家教育培训机构要想把产品销量做起来，靠的不是每款产品的平均增长，而是某个爆款产品的持续增量。爆款产品可以吸引大量粉丝并与他们建立联系。在这个过程中，目标用户也会被吸引过来，从而让产品有机会获得更高的转化率，从而提高整体的转化效果。如果一个商家或机构不能主动打造爆款产品，它就会被同行业的竞争对手淘汰，可见打造爆款产品有多重要。

但是，打造爆款产品绝非易事。它的关键在于，你要能迅速找到可以"引爆"用户的那根"导火索"，让产品在最短的时间内扩散开来，最大限度地吸引用户的关注。这就需要你具有敏锐的市场洞察力、创新的设计思维和高效的市场推广策略，同时，还要认真审视并选择所要打造的爆款产品。

具体来讲，我认为打造爆款产品至少要经过以下六个步骤。

第一步：确定产品的目标用户

在进行产品选择和打造的过程中，明确目标用户是至关重要的一步。只有目标定位准确，并对其进行深入了解，才有可能设计出真正满足用户需求的产品。

举个例子，在电动汽车领域，特斯拉可以称得上是佼佼者。与传统汽车企业不同，特斯拉并不是从电池的续航里程和充电时间等技术入手的，而是从发现和创造需求开始的。早在十几年前，特斯拉的创始人之一马丁·艾伯哈德（Martin Eberhard）就发现，在硅谷，普锐斯（丰田汽车公司的一款油电混合动力车）的车主总喜欢将车与路虎、宝马等品牌的汽车停在一起。他由此得出结论：消费者选择电动汽车并不是为了省油，而是为了标新立异。

基于这一结论，特斯拉成立伊始，便将自己的产品定位为高端时尚节能产品，同时将消费群体聚焦在高收入人群。该群体不仅拥有较强的消费能力，也更容易接受新鲜事物，并且环保意识强。为了对产品进行宣传，更加精准地吸引目标消费群体，特斯拉产品刚上市时，还特意邀请国际著名企业家、影星等成为第一批用户。

那么，我们怎样确定自己的目标用户呢？

前文曾详细阐述过，确定目标用户的第一步就是创建一个详尽的用户画像，包括用户的年龄、性别、职业、教育背景、收入水平等。通过这些数据，你可以描绘出目标用户的基本轮廓，了解他们的生活方式和消费习惯。

接下来是关注用户的需求和痛点。你可以重点关注几个问题：他们面临什么样的挑战？有哪些未被满足的需求？等等。

比如，你的 IP 产品聚焦在家庭与亲子教育人群，那么这一人群的需求和痛点可能包括如何更好地与孩子沟通、如何在有限的时间内与孩子建立亲密关系、如何调节与配偶在孩子教育问题上的分歧、如何寻找市场上的有效教育资源，等等。在此基础上，你不仅要收集定量的数据，还应该通过访谈、问卷调查等方式，获取定性的反馈，从用户角度深刻地理解他们的内心想法，找出他们内心真正的需求。

在这个过程中，我认为保持开放的心态尤为重要。要想打造真正符合用户需求的产品，你就要善于听取不同用户的声音，尤其是那些可能不符合你初步设想的用户群体的声音。他们的反馈往往可以为你提供一些意想不到的洞见，帮助你识别潜在的市场机会。

通过以上努力，你就能形成一个清晰而全面的目标用户画像，为接下来设计和开发出真正具有吸引力和价值的爆款产品打下基础。

第二步：进行市场调研

这一步可以帮助你全面了解市场环境和竞争对手的情况，通过进行多渠道的市场调研，了解竞争对手产品的特点、优势和不足，以及他们的爆款产品是什么、销售额是多少、用户反馈如何等。与此同时，你还要明确竞争对手的核心竞争力是什么，如特殊的营销策略、创新的销售渠道或独特的用户群体等。

通过对竞争对手进行深入分析和市场调研，你就能获取丰富的市场信息，并找到自己在市场竞争中推出差异化产品的切入点。

第三步：打磨产品内容

在与一些业内同行聊天时，我发现大家谈论的内容经常离不开一个话题：爆款产品是怎么做出来的？

有些人认为，爆款产品是营销出来的，你使劲儿做推广、引流量，流量多了，产品自然就能爆。

真是这样吗？

几乎所有商家都知道一个事实：一定的流量会产生一定的转化率。但是，如果你现在仍然认为做推广、有流量就能产生爆款产品，就说明你已经与时代脱节了。如今的时代，打造爆款产品不能仅靠流量，更要靠产品本身。很多商家或机构成功打造出爆款产品，真的没用什么特别的方法，靠的就是自身过硬的产品质量。要想做出爆款产品，就一定先把自己的产品做好。

爆款产品首先要有一个引人注目的主标题和副标题，这一步至关重要。标题是用户接触产品的第一印象，直接影响他们的兴趣和购买决策。只有确保用户在第一时间理解并感受到产品的独特价值，他们才有可能选择该产品。当确定了主标题和副标题后，你就可以通过小范围的用户测试验证其有效性，向目标用户展示不同的标题组合，收集用户的反馈信息，同时观察哪个组合更能够引起用户的兴趣和提高点击率。完成这一步后，你可以根据用户反馈进行相应的调整，确保最终的主标题与副标题可以最大限度地传达产品价值。

接下来，你要为产品制定一个清晰且结构合理的大纲，这一步对于后续的内容开发、教学设计和营销推广等环节都会产生重要影响。大纲中应明确产品的核心内容，并围绕用户痛点和需求进行设计，确保产品的每一个模块都能为用户带来实际价值。

最关键的一个环节就是精心打磨产品内容，这不仅关乎产品的深度与质量，也直接影响到用户的学习体验和转化率。优质的产品内容需要具备专业性、准确性和权威性，并且逻辑清晰，能够按照大纲顺序逐步展开，避免信息的重复和混乱。在产品内容中，你还要加入一些互动环节和实践导向，以提高用户的参与感和对内容的深度理解与应用。

第四步：确定令用户惊喜的价格

优质的产品 + 令人惊喜的价格 = 超高的性价比。高性价比是好产品充分满足用户心理诉求，成为爆款产品的关键。

但是，"令人惊喜的价格"并不完全等于低价，过低的价格反而会让用户对产品的质量产生怀疑。在为爆款产品定价时，我认为应该采取系统化的方法，既能确保定价充分反映产品价值，又能使产品在市场中保持竞争力。在定价前，你需要深入了解竞争对手的定价策略，再根据调研情况制定出具有竞争力的价格。同时，产品定价还应与其所提供的价值相匹配。用户愿意为他们认为有价值的产品付费，只要你的产品能够清晰地传达出核心价值以及用户能从中获得的具体收获，用户就会感觉他们的投资是值得的，甚至是超值的，这样才能提升用户的购买意愿。

第五步：确定合理的排期

在推动爆款产品的过程中，合理的排期也不能忽略。以教育培训产品为例，无论线上课程还是线下课程，都需要根据市场需求设置合理的开课频率。在课程刚开始阶段，你可以设定较长时间的间隔，以确保课程内容质量和用户体验，然后根据用户反馈和参与情况的变化逐步优化频率。

有些大 IP 即使有不错的流量基础，在做付费课程前仍然担心自己能否吸引足够多的学员，因此选择不提前排课。其实，这样很容易丧失机会。你可以先排出课程，即使初期参与的人不多，也能帮助你逐步找到节奏。同时，你也可以将前期课程作为内测，收集反馈，持续改进课程，吸引更多用户的关注。

对于线下课程，初期要尽量选择在资源丰富且自己熟悉的城市进行，尤其要迅速拓展到北京、上海、广州、深圳等重要市场。学两招曾与一位教育 IP 合作，起初只在合肥开展线下课，经过不断的尝试，现在已在多个城市实现了成功推广。这种推广不仅增强了 IP 品牌的影响力，还为后续的私域运营打下了基础。

当然，要想在细分赛道成为"独角兽"，让产品真正成为大爆款，线下课程的全国布局必不可少。

以坚持星球这个品牌 IP 为例，在推出多款爆品后，坚持星球不仅通过线上录播课、直播课和训练营等方式吸引并交付了大量用户，每个周末还在全国各地举办数场线下活动，以讲课、沙龙和俱乐部等形式与线下用户互动，让更多用户了解并选购自己的产品。这种灵活的交付方式促使坚持星球的影响力很快扩展到全国，提高了 IP 产品的曝光率和品牌影响力。

第六步：设计制作推广素材

爆款产品不但要打造出来，还要推广出去，而与产品配套的推广素材不仅能让好产品"会说话"，还能为后续的营销活动提供强有力的支持。很多教育 IP 很容易忽略这一点，殊不知，优质的推广素材可以显著提高产品的曝光率和转化率。

推广素材一般包括海报、文案、软文、短视频等。以短视频为例，生动的短视频不仅能展示出课程的核心内容，还能展示用户反馈及讲师风采，其强大的传播力可以迅速吸引用户的注意。

在设计制作推广素材时，宁求质量不求数量。只有高质量的素材，才能吸引真正的用户，有效提升转化率。你要确保每一个素材都具备有效的信息传达能力与吸引力，让用户忍不住进行点击、分享和购买。

随着市场环境的变化，用户的关注点和需求也会有所变化，这就需要你定期更新推广素材，保持素材的新鲜感和与用户需求的相关性，持续提升用户的参与度，从而保持 IP 品牌的活力和吸引力。

做好以上六步，一款优质产品基本就打造出来了。但是，产品能否成为爆款，在正式上线前还要经过内测。可以让机构内的员工先行体验产品，也可以邀请一些忠实用户或早期使用者参与内测，通过他们使用后的反馈意见和遇到的问题，识别产品的优缺点，继而对产品进行优化与调整，确保最终上线的产品可以真正满足用户需求，为爆款产品的成功推出奠定坚实的基础。

当然，一款产品的成功不仅在于初上线时的表现，更在于后续的持续迭代与优化。这个过程可以展现产品能够适应市场变化，满足用户需求，并在市场上具备持续的竞争力。

矩阵式产品体系的持续优化与迭代

一些大 IP 以为完成产品体系设计后，就万事大吉了。你如果打算这样做，那么很快就会发现，你的用户越来越少，产品变现能力越来越差。

　　产品就像人一样，也有自己的生命周期。一个产品无论处于哪个时期，都需要持续更新和迭代。因为市场环境是在不断变化的，用户需求也是在不断变化的，要想让你的产品在市场上具有持续的竞争力，就必须对产品体系进行持续的优化与迭代，不断提升产品质量，适应市场变化，满足用户动态的需求。

　　大家对"猿辅导"应该不陌生。猿辅导的第一个产品是"粉笔网"，定位为老师与学习者的互动社区，只是当时这个产品没有有效满足用户需求，转化率并不高。但是，它的做题板块的用户活跃度很高，于是，猿辅导针对用户的这一需求专门打造了一款初高中"刷题利器"——猿题库。

　　之后，粉笔网又持续迭代产品，在猿题库的基础上打造了"小猿搜题"，继而正式启动在线教育的核心业务——猿辅导。一开始，由于缺乏教师和教学资源，猿辅导采取 C2C（Consumer to Consumer，个人与个人）的平台模式，结果转化率不太理想。于是，猿辅导开始招募全职教师，从平台转为直营模式。

2017 年，猿辅导又上线了"斑马英语"，最初也是走工具路线，后来逐渐转变定位，变成了一个培训产品。之后，"斑马思维"上线，与"斑马英语"合并为"斑马 AI"。现在，斑马 AI 已经成为猿辅导的第二大收入板块。

从 2012 年的粉笔网、2013 年的猿题库、2014 年的小猿搜题、2015 年的猿辅导、2017 年的斑马英语、2019 年的小猿口算……这一轮一轮的迭代与优化，最终形成了猿辅导当前的产品体系。尽管如此，猿辅导的产品仍然在不断迭代进化中，而猿辅导这个大 IP 也成为中国基础教育阶段在线教育领域的"独角兽"。

由此可见，要想打造成功的 IP 产品，产品体系就必须不断优化与迭代。但是，在优化和迭代产品的过程中，并不是自己想推出什么产品就推出什么产品，或者想更新哪个产品就更新哪个产品，你还要根据具体的情况进行分析和决策。

有效收集用户真实的反馈

矩阵式产品体系中各个产品设计的优劣，直接关系到商家或机构的生存之本与发展之道。作为产品体系设计过程中的重要环节，用户反馈对产品体系的持续优化和迭代起着至关重要的作用。它像一面镜子，能够真实地反映产品在用户心中的形象和存在的问题，为产品团队提供宝贵的线索和方向。

用户反馈是什么呢？

简单来讲，它就是用户在使用产品后，对产品的性能、功能、体验等方面所表达出来的意见、建议和感受。这些反馈可以来自各种渠道，如用户评价、调查问卷、社交媒体、客服咨询等。每一条反馈都蕴含着用户的期望和需求，也是产品体系改进、优化和迭代的基础。

学两招在帮助客户打造产品体系时，通常都会为他们提供一整套收集用户反馈的高效方法，具体来说包括以下内容。

多问勤问，即通过各种方式询问用户对使用产品后的感受、意见和建议等。比如，通过设计简洁明了的问卷，聚焦用户对产品的满意度和改进建议。问卷应包含量化问题和开放式问题，以便获得用户定量和定性的不同反馈。你也可以通过微信、电话等即时通信工具，与用户进行直接对话，鼓励和引导他们分享自己的真实体验和建议，深入地了解他们的使用感受。你还可以设立专门的用户运营专员和客服团队，确保对用户反馈的及时响应和跟进。

数据分析，就是将收集到的反馈信息按类别整理，如功能需求、用户体验等，识别出用户最常见的问题，并设定优先级，然后重点关注重复出现的用户痛点，确保团队可以集中精力解决关键性问题。同时，你还要将数据分析结果及时总结成简报，分享给团队的每位成员，确保大家都可以了解到用户的真实声音和需求。

落地改进措施，即根据用户反馈迅速制订产品改进计划，确保在下个版本中及时实施用户建议，以提高产品的适应性和满意度。在产品改进后，你还要继续收集用户反馈的信息，监测新措施的有效性，确保用户满意度得到提升，并随时进行调整。

持续关注市场的变化

市场是时时刻刻都在变化的，各类产品迭代的速度也非常快。在优化产品体系的过程中，如果不关注市场动向，只根据自己的喜好或盈利需求调整产品，那么产品很可能会脱离市场，或者跟不上用户的实际需求，甚至导致原有市场也被竞争对手夺走。

在关注市场变化时，一方面要随时随地分析竞争对手，如定期监测竞争对手的产品更新、市场策略和用户反馈等，或者定期对竞争对手进行 SWOT 分析，确保自己能随时掌握竞争对手的情况和动态。这不仅可以帮助你识别竞争对手的成功之处，还能发现自己产品的不足和改进空间。同时，你还要时刻关注行业内的新兴品牌和创新产品，了解他们的营销模式、定价策略和吸引用户的手段等，以便及时调整自己的竞争策略，增强自身的市场竞争力。

另一方面，你要随时了解用户需求，通过数据分析工具识别用户需求的变化趋势。例如，哪些课程或产品的受欢迎程度在上升，用户对产品某些功能的期望是否在改变等。你也可以开展用户调研和市场调研，利用用户行为数据（如购买习惯、使用频率等）进行分析，了解用户偏好的变化，获取用户对新产品、功能或服务的看法。这些都可以为产品体系的更新和优化提供真实依据。

通过持续关注竞争对手和用户需求的变化，你就能保持产品矩阵的灵活性和适应性，确保自己的产品可以在动态市场环境中保持较强的竞争力。

用数据驱动决策

通过对市场、竞争对手和用户进行的各种调研，获取了一定的数据，在对这些数据进行科学分析后，你可以确保自己的每一个决策都是基于真实的市场反馈和用户需求做出的，从而提高决策的精准性。

在进行数据分析时，你可以将收集到的数据先进行分类和标签化，如按照用户特征、购买行为和反馈内容等进行分类整理。这种结构化的数据可以帮助你识别重要的产品趋势和模式。你也可以设定关键绩效指标，如用户满意度、转化率和复购率等，定期监测这些指标，以评估产品体系中每一个产品的整体表现。

你可以基于以上的数据分析，再制定调整政策，对产品功能等进行调整和优化。比如，数据显示某类产品的转化率低，你就要考虑优化产品内容或调整定价策略，始终坚持以用户需求为中心，不断满足用户需求，为用户提供价值。可以说，数据不仅是决策的基础，更是你的产品在激烈竞争的市场中立足的关键。

交叉销售与捆绑策略

交叉销售是指通过向用户推荐相关产品或服务来增加销售额和用户价值，捆绑策略则是交叉销售的一种巧妙运用。优惠捆绑，不仅解决了用户的单一需求，还满足了他们的额外期待。

要想在优化和迭代产品体系的过程中实施交叉销售与捆绑策略，首先你要探索交叉销售的机会。你可以利用数据分析用户前期的购买行为，识别出哪些产品容易被用户在消费过程中一起购买，然后向用户推荐相关的互补产品，提高用户购买率。比如，用户购买了一门关于演讲的课程，你就可以继续向其推荐与演讲相关的个人品牌建设课程。

其次，将多个相关产品组合成为套餐，以更具吸引力的价格向市场推出。比如，将线上课程与一对一辅导服务捆绑在一起销售，形成"学习＋实践"的套餐，不仅解决了用户的单一需求，还满足了他们的额外期待，使用户获得更多的价值。你也可以通过设置限时的捆绑优惠，激励用户在短时间内进行购买，这种策略不仅能提升产品的短期销量，还能提高产品的市场曝光率。

需要注意的是，交叉销售与捆绑策略成功实施的关键在于找准用户痛点，为用户提供切实可行的解决方案。这就需要定期进行市场调查，及时跟踪用户的反馈和体验，持续优化产品与服务，确保用户对购买的产品感到满意，进而增强用户对品牌的信任与依赖。

建立持续学习与案例研究分享的机制

这一点可以帮助产品研发团队在快速变化的市场中不断提升自身的适应能力与创新能力，还能通过分享成功与失败的经验，帮助团队中的每位成员更好地理解市场需求和用户反馈。

在运营过程中，学两招会定期组织培训活动，召开内部研讨会与案例分享会。通过这些活动，团队成员不但可以及时了解行业动态、新的营销策略、用户反馈处理等方面的信息，还可以互相探讨和积极分享自己在产品研发、用户沟通、市场推广中的实战经验与见解。这不仅能帮助团队从中吸取成功的经验与失败的教训，还能及时找到产品出现问题的原因及改进措施，避免未来在产品研发以及产品体系的优化与迭代中重蹈覆辙。

一个优秀的产品团队，一定会让自己始终处于学习与成长的状态，坚持以用户为中心，不断提升自己在快速变化的市场中的适应能力与创新能力。这种机制既有助于产品体系的优化和迭代，还能增强团队的整体竞争力，确保 IP 品牌能够在激烈的市场环境中持续发展。

第四章

打磨极具用户价值的优质产品

在信息爆炸的今天，市场充斥着大量信息，各种 IP 产品琳琅满目，内容越来越碎片化，质量更是良莠不齐。许多企业和机构在推出产品时，过于依赖营销手段，却忽视了内容的重要性。

　　打造 IP 产品的核心目的是创造用户价值，持续地为用户输出有深度、能够真正解决用户痛点的优质内容。当你的产品内容得到了用户的认可和信任，在用户心中建立起品牌认知，变现便成为一件水到渠成的事。没有优质内容支撑的产品形式，即使短期内拥有大量流量，也是昙花一现，难以持久。因此，在打造 IP 产品的过程中，不断打磨内容质量，优化用户体验，久久为功，方能积累成为一个值得用户信赖和依托的 IP 品牌。

明确产品
主题方向

优质的 IP 产品离不开优质内容的支撑。内容必须为用户带来持续的价值，让用户获得看得见、摸得着的收益，这才是留住用户的根本。否则，即使你前期通过各种营销手段吸粉、引流，也难以持续地吸引用户，获得长远的发展。

在我所结识的各个领域和行业的大 IP 中，有很大一部分人，前期通过录制视频、直播等方式吸引了大量粉丝，但后期因为缺乏系统的优质产品内容支撑，粉丝逐渐流失，变现越来越难，甚至最终被迫退出 IP 领域，另谋他路。

相比之下，一些真正成功的大 IP 都是依靠优质的产品内容不断向前发展的。

一个最典型的例子，帆书前期通过樊登老师的线下演讲、制作文化节目、直播等方式，获得了稳定的流量基础。但帆书并未就此止步，而是更加深入地挖掘用户需求，发现很多忠实用户对专业知识、深度思考和文化素养等方面的内容有着强烈的需求，于是便策划推出了一系列热门课程。这些课程不仅涵盖了多个学科领域的知识，还邀请该领域的权威专家进行讲授，从而更加精准地匹配不同人群的需求，帮助用户解决生活和工作中的实际问题，为用户创造了价值。

与此同时，针对一些特定消费人群，帆书还推出了更加专业的训练营课程。有的训练营帮助用户把握红利机遇，用私域撬动利润增长；有的训练营帮助用户关注自己的心理健康与情绪管理，唤醒内在疗愈力；有的训练营则专注于培养用户的领导力和团队协作能力等。这些课程的推出，不但丰富了帆书的产品线，还为用户提供了更具深度的专业知识和技能，以及实践指导与互动交流等增值服务，因此大大地增强了用户黏性。

我们常说，IP 定位不仅要有"名"，也要名副其实。"实"就是具有专业性，且能真正帮助用户解决问题、为用户创造价值的产品内容。"名"与"实"相符，IP 产品的打造才算成功。

打造优质的 IP 产品内容，首先要明确产品的主题方向。这与建房子一样，建房子的第一步是画设计图吗？并不是，而是要想清楚自己到底准备建一座什么样的房子。

打造产品内容也是如此，第一步并不是直接列提纲、做框架，而是先确定自己具体要推出哪方面的产品。这是有效地将自己的 IP 产品呈现给目标用户，确保他们能够理解并愿意参与的基础。否则，主题方向不明确，用户就不知道你的产品内容是什么、要给谁看，以及能带来什么样的价值，自然也不会主动下单购买。

学两招在发展过程中，曾赋能多个大 IP 和教育培训机构打造产品内容。根据我们的经验，在确定产品主题方向上可以分为"四步走"。

第一步：明确产品类型

在确定产品的主题方向时，你首先要通过了解用户需求，明确这款产品在整个产品体系中属于哪种类型，是兴趣产品、引流产品，还是爆款产品或利润产品。这一步对后续课程的策划设计和内容打磨十分重要。例如，兴趣产品的目标主要是吸引用户的注意力，激发他们的学习兴趣，所以设计内容时要通俗易懂、趣味性强，能够激发用户的好奇心；引流产品则更注重解决用户的实际痛点，帮助他们获得一些实用的知识和技能，引导他们更加深入地了解 IP 品牌和后续产品等。

明确产品类型后，接下来的内容设计和策划才能更加有的放矢。比如，你要打造一款爆款产品，那么在内容设计上就要更加深入系统，确保能够真正解决用户的核心需求，并能在短时间内为他们带来显著的价值，这才能提升用户的满意度和忠诚度，为后续利润产品的打造奠定基础。

此外，明确产品类型还有助于你在后期制订推广计划时更有针对性。不同类型的产品在营销推广上所需要的资源和方式也会有所不同。例如，针对兴趣产品，你可能更多地依赖社交媒体的推广和口碑传播；针对利润产品，则需要更为详尽的价值传达与用户教育等。

第二步：确定产品交付形式

合适的产品交付形式，不但能让用户获得更好的学习体验，而且直接影响产品在市场上的表现。

我们在前文提到过，产品的交付形式有多种，包括录播课、直播课、训练营、个人约见和线下交付等，每种形式都有其特定的优势和使用场景。

学两招在辅助客户选择产品交付形式时，会综合考虑用户的具体情况，如时间、空间、成本、学习效果等，并将这些因素进行有机结合，帮助客户打造产品主题。比如，忙碌的职场人士一般更倾向于录播课程，便于他们自行选择合适的时间进行学习；针对偏爱直播课程的用户，我们则建议客户多设计一些互动性强的内容。

同时，在选择交付形式时，还要关注产品的交付成本、效率及规模化的可行性等，如录播课的制作成本较低，适合大规模推广，直播课则需要投入更多的技术支持和人力资源。

此外，学两招还会协助客户关注市场趋势和竞争对手的策略，帮助客户分析行业内流行的产品交付模式，便于客户及时调整产品策略。比如，竞争对手普遍采取录播课程，而市场对互动性需求逐渐增加，那么选择直播作为主要交付形式就是一个明智的选择。这种市场敏感度不仅能确保产品与时俱进，还能帮助你在市场竞争中快速扩大影响力。

第三步：研究对标产品

在产品内容的设计和开发过程中，研究成功的对标产品，尤其是竞争对手在产品内容打造上的策略和方法，是提升自身产品竞争力的重要一步。通过分析这些成功的产品，我们不仅能获得宝贵的经验，还能将其应用于自己的产品。

在研究对标产品时，首先你要识别市场上有哪些已经取得显著成功的 IP 产品。比如，你正在开发一款在线课程，就要多关注在该领域中表现突出的课程，了解和分析它们的产品内容设计与用户体验。

成功的 IP 产品往往具有高质量的内容、合理的结构安排和较好的用户体验。要想学习和借鉴其中的优点，你就要分析这些产品是如何设计课程大纲、如何划分模块、如何确保内容的系统性与连贯性，以及如何确保用户的满意度和参与度等。

在深入分析对标产品的同时，你还要关注竞争对手在内容打造过程中的挑战与不足，避免自己在产品开发过程中陷入同样的困境。比如，对方产品内容中的某个功能设计是否受到用户的普遍反感，内容深度能否符合大多数用户的需求等。

了解以上信息后，你就可以将其中的成功因素和教训转化为具体的行动计划，并结合自身产品内容的特点进行调整和优化，从而打造出更符合目标用户需求和市场环境的优质内容。

第四步：确定最终的主题方向

经过对以上三步的综合分析与整合，我们就可以更加清晰地识别自己产品的独特价值，继而确定产品内容的主题方向。

在确定产品主题方向时，你要重点关注自身的特色与优势，包括你在某个领域中的专业知识、独特的教学风格、以往的成功经验等。结合这些优势打造内容，才能让你的产品在市场上获得一定的竞争力。

在确定产品主题方向时，既要明确，还要契合产品内容。例如，你的目标是提升职场人士的沟通能力，那么产品主题方向就可以明确为"职场沟通与影响力提升"，并在此基础上进一步细化产品内容，确保这一主题既能满足用户的需求，又能充分发挥自身的特色和优势，最终成功推出产品。

搭建吸睛的内容大纲

在确定产品主题方向后，很多人习惯先为产品取标题。但根据以往的经验，为了提高产品的转化率，最好优先搭建产品内容的大纲，明确产品具体的交付内容，确保内容结构清晰、逻辑严谨。

对 IP 产品来说，虽然类型不同，但大纲的搭建方式大同小异，基本可以分四步搭建完成。接下来，我就以教育 IP 中最常见的产品形式——录播课和训练营为例，和大家分享一下如何搭建吸睛的产品内容大纲。

录播课内容大纲的搭建

第一，搭建内容大框架。关于这一步，学两招为客户准备了四种模板，分别为流程逻辑、晋级逻辑、目标逻辑和场景逻辑。

假如你要打造一套理财课程，那么在搭建内容大框架时就可以按照以下四种模板进行。

流程逻辑：主要按照从思维到认知，再到具体方法的逻辑来搭建框架。

重塑新思维：成功投资者共有的思考方式让你少绕弯路
【第 1 课】思维改变：身家过亿的人都这样思考问题

【第2课】新时代：教你快人一步，抓住时代机遇

建立新认知：迈出投资第一步必须厘清的三件事

【第3课】转换角度：学会复利理论让你倍速成长

【第4课】看清现状：从 ESBI 四象看你距离财富自由还有
多远

【第5课】做好选择：保守派还是激进派？选择适合你的
投资方式

理财技巧：少花一半冤枉钱，收获一份千万保单

【第6课】走出保险三大认知误区，完成你人生的第一份
资产配置

……

晋级逻辑：让课程内容不断升级，如从小钱升值到闲钱翻
倍，最终实现稳赚的目标。

模块一　小钱升值

【第1课】告别月光：只需三步，做出可执行的理财规划

【第2课】固收理财：四大维度＋一个妙招，月月给自己
"涨工资"

模块二　闲钱翻倍

【第3课】组合投资：普通上班族福音，省心省力又赚钱

【第 4 课】债券基金：无泡沫稳健投资法，薪资之外多份
　　　　收入

……

目标逻辑：目标由小到大逐渐实现，如从开始阶段的月入
5 万元到月入 10 万元，再到"钱生钱"阶段的月入 30 万元，
甚至更多。

第 1 个里程碑：5 万元

【第 1 课】告别月光：每月 1 次财务体检，让你 1 年多存
　　　　10 万元

【第 2 课】省钱窍门：识破三大消费陷阱，远离冲动消费

……

第 2 个里程碑：10 万元

【第 5 课】投资思维：规划财富地图避坑，找到最适合你
　　　　的投资规划

【第 6 课】家庭保障：认清保险误区，掌握 2 个步骤轻松
　　　　买对保险

……

第 3 个里程碑：30 万元

【第 11 课】基金投资：普通上班族福音，省心省力又赚钱

……

场景逻辑：在不同场景中实现财富晋级，如从保险到基金，再到股票投资，逐步实现多场景财富翻倍。

模块三　家庭保险

【第 6 课】富人思维：给家人安心保障，我们需要哪些保险？

【第 7 课】致富黄金法则：不同家庭成员买保险的方法大不同

......

模块四　购买基金

【第 18 课】富人思维：为什么挑对基金，就能为你"加薪"？

【第 19 课】致富黄金法则：手把手带你看懂一支基金

......

模块五　股票投资

【第 23 课】富人思维：炒股之前，你必须知道这 9 件事

【第 24 课】致富黄金法则：手把手教你看股票的各项数据

......

第二，分清主次框架。大框架搭建完成后，并不代表你的内容框架就完成了，你还需要明确哪些框架需要重点分配内容，哪些框架可以分配较少的篇幅。分清主次能帮助你决定

产品内容的重点和篇幅。

以大家熟悉的短视频课程为例。在搭建大框架后，我们就可以根据实际情况和用户关注度，将"赚钱思路""内容创作"和"运营技巧"等作为课程中的重点内容进行讲解，而将"视频拍摄""视频剪辑"等作为次要内容，花费较少的篇幅进行讲解。

第三，填充具体内容。确定好大框架和主次后，接下来就要在框架内填充具体内容了。

以短视频课程中的"运营技巧"模块为例，你可以根据课程要讲授的具体内容分为下面两点进行填充。

- 避开运营雷区，快速获得官方热荐。
- 揭秘一个新号如何快速实现日赚 3 万元佣金。

第四，优化模块标题。一个好的标题既可以快速吸引目标用户的注意力，又能成功地传达出产品内容的核心信息。关于如何取一个吸引人的标题，后面我会详细阐述。

通过以上步骤，我们就可以系统性地打磨出一份结构清晰、内容丰富的录播课内容大纲了。

训练营课程内容结构的搭建

第一，确定训练营类型。在设计训练营课程大纲之前，你需要先明确训练营的类型，是要做日期训练营，还是要做闯关训练营？这两种训练营各有特点，也适用于不同的教学目标和用户需求。

日期训练营是一种定期集中授课的形式，用户在特定时间内进行学习。比如，"壹到拾"的家庭理财训练营第40期，就从2024年10月14日开始，10月26日结束，历时13天。在此期间，学员每天完成一课时的训练，集中时间同步学习。这种训练营适合那些需要结构化学习，并希望能在特定时间内取得成果的用户。

闯关训练营是一种灵活的、适合用户自学的课程形式，用户可以在系统设定的时间内完成一定数量的"关卡"。比如，"娜家整理"的"娜家小红书100天践行营"，就是要求学员在100天内完成10个关卡，学员无须在特定的时间学习，而是根据个人进度情况随到随学。

第二，设计结构大纲。清晰而合理的结构大纲不仅能让你的训练营课程看起来更有条理，还能引导用户主动学习。

训练营课程大纲同样可以按四个逻辑进行设计。

流程逻辑：将训练营的课程内容分解为清晰的步骤，便于用户逐步学习和掌握知识。

以"家庭理财"训练营为例，可以根据流程逻辑来设计课程内容。

- 识别财务目标；
- 制订预算计划；
- 管理日常开支；
- 投资与财富增长。

晋级逻辑：将训练营课程内容划分为初、中、高不同阶段，帮助用户清晰地看到自己的成长路径与学习进度。

以"短视频制作"训练营为例，可以根据晋级逻辑来设计课程内容。

- 初阶：基础知识与技能入门（设备选择、拍摄技巧）；
- 中阶：内容策划与创意表达（脚本编写、剪辑技巧）；
- 高阶：市场推广与变现策略（社交媒体运营、盈利模式）。

目标逻辑：强调训练营课程内容带来的具体成果和目标，确保每个模块都能帮助用户达成特定的学习目标。

以"职场沟通"训练营为例，可以根据目标逻辑来设计课程内容。

- 目标1：提高口头表达能力（如演讲技巧）；
- 目标2：改善非语言沟通（如肢体语言的应用）；
- 目标3：掌握高效倾听技巧（如反馈与提问）；

场景逻辑：强调课程内容与实际场景的结合，帮助用户将所学知识应用于实践。

以"项目管理"训练营为例，可以根据场景逻辑来设计课程内容。

- 场景1：项目启动与需求分析；
- 场景2：制订项目计划与时间管理；
- 场景3：风险评估与应对策略；
- 场景4：项目收尾与反馈总结。

在按照以上四个逻辑设计大纲时，我们也可以结合用户的反馈与需求随时进行调整，以确保课程设计能够符合目标用户的期望，让用户取得更理想的学习效果。

第三，确定每天（关）的内容结构。在设计每天（每个关卡）的内容结构时，作业的设计非常重要。它主要包括两部分：一部分是老师通过视频、音频和图文结合的方式总结所讲解的内容，以便学员灵活学习；另一部分是老师在每节课后布置的相关作业，确保学员能够将所学知识应用于实际生活。

以下就是某机构设计的理财训练营课程内容结构。

本日内容

第2天：先导课——投资入门

- 可转债先导课

- 投资入门

- 如何打新债

- 银证转账并买入

……

课后作业

- 看了直播后，你有哪些收获？

第四，设置是否需要"小灶课"。在设计训练营课程内容结构时，"小灶课"也是一个需要认真考虑的部分。它的内容通常是针对学员的具体需求，如某个知识难点、特定技能或常见错误修正等，作为正课的补充内容，为学员提供额外的学习支持，以便有效补充学员的知识空白。

通过以上步骤，我们就可以系统地搭建出一个有竞争力的IP产品内容结构，这也是确保IP产品成功的关键一步。在这个过程中，我们应该始终关注用户需求，以用户为中心进行设计，从而实现产品的可持续发展，达成盈利目标。

打造优质内容的四个关键点

在工作中,我经常接触到一些想要好好做内容的大 IP 或做课程的机构负责人,在沟通的过程中,有一个问题非常典型,那就是到底该怎样打磨产品内容,才能提升转化率?他们经常说的话就是:

- "我心里明明有很多东西想讲出来,却不知道怎么浓缩。"
- "我有很多干货,感觉什么都想讲,又怕讲不好。"
- "我讲线下课时能讲得很好,可线上课不知道该怎么讲。"

……

首先,在产品打磨过程中,无论你想做录播课、直播课还是训练营,都需要关注单次课程内容的设计,这是打造内容的首要原则。这就意味着,在课程开始前,你需要明确每一节课的核心主题、目标受众和预期成果,通过精心设计课程内容,确保每节课都能对用户产生价值,让用户从中获得实用的信息和技能。因此,课程内容设计一定要注重实用性,要为用户提供具体的方法、技巧或案例,帮助用户解决实际问题,而不是讲一堆枯燥、冗长的理论,让用户听得云里雾里。

其次,内容逻辑要清晰明了,便于用户理解。无论按时间顺序、因果关系还是分类方法,每一节课程的内容都要有条理地排列,确保用户能顺畅地跟随课程进度,在学习中获得系统的知识。

有些人在写文章时有个习惯，就是提笔便写，想到哪里就写到哪里；有些人讲课也这样，张口就讲，想到哪里就讲到哪里。我不赞同这些方式，因为这容易导致内容偏离主题，最终呈现的内容很可能与最初的设想相差甚远，甚至变成逻辑混乱的流水账、碎碎念。

真正优质的 IP 产品内容，一定是主题明确、逻辑清楚、主次分明的，这也是对 IP 产品内容最基本的要求。要想打磨出具有这样品质的内容，我们需要重点关注以下四个关键点。

标题要能"撩"动用户的情绪

一个好的标题等于你的产品内容成功了一半。但是，什么才是好标题呢？

现在有个流行词，叫作"撩"。我觉得，好的内容标题必须能把用户的情绪"撩"起来，让用户欲罢不能，忍不住想要点开标题，了解里面的内容。

学两招在帮助客户打磨产品内容时，非常重视标题的设计。无论主标题、副标题还是每个大纲及其子内容的小标题，它们在吸引用户的注意力、调动用户情绪，以及传递信息和提升参与度等方面，都扮演着至关重要的角色。

如何才能设计出能"撩"动用户情绪的好标题呢?

我们把标题设计的方法总结成为一个个可以直接套用的公式(见表4-1)。

表4-1 标题设计的方法

公式	释义	举例	解析
是什么+解决方案	强调课程内容和预期结果	学会演讲的3个步骤:让你在任何场合自信发言	既说明了课程内容,又明确了学习目标
数字+主题+价值	通过具体的数字引起用户注意,并明确课程的价值	5个步骤教你打造高效团队	数字使内容更具体,增加可操作性,用户能清楚地预估学习效果
强烈的动词+目标	使用积极的动词和清晰的目标吸引用户	激活你的创意,成为创新领导者	利用"激活"字样,强调了行动和结果,激励用户参与
方法+结果	直接展示方法与所能带来的结果	21天开口成金演讲训练营,让你能讲会讲,称霸职场	不仅提供了具体的时间框架,还强调了目标和成果
时间限制+结果	强调时间框架和预期结果,增加紧迫感	没房也收租,教你用长租公寓打造稳定被动收入	明确了目标和参与的低门槛,吸引更多用户参与其中
低门槛+结果	突出低门槛的参与条件与可实现的结果,吸引广泛受众	零基础零资源也能月入过万的副业赚钱法	给人以希望,让用户无压力地参与
热点人物+方法/问题	结合知名人物与实用方法或问题,引起关注	比尔·盖茨的时间管理技巧	吸引对标成功人士的用户,借助其影响力提高点击率

通过以上这些标题设计的公式和示例，不难看出好标题不仅仅在于吸引用户注意，更关键的是要能明确传达出内容的核心优势和价值，让用户第一眼就能明确这个产品可以给自己带来什么样的收益。

此外，还有一些实用方法和技巧，也能帮助你在设计标题时更加高效和有针对性。比如，使用关键词研究工具（如百度指数、百度推广关键词工具、问答平台等），找出与你的产品主题相关的热门搜索词，确保你的标题也包含这些关键词，就能提高搜索到的概率。

平时还可以多多关注行业内的热榜和排行榜，如"最佳课程排行榜""最受欢迎的在线培训"等，看看竞争对手和同行使用了哪些标题与话题，为自己创作标题寻找灵感。

另外，你也可以在标题中加入一些有时间限制或稀缺性的信息，如"限时优惠""仅限前100名注册用户"等关键词，刺激用户的购买欲望。

需要注意的是，标题虽然需要吸引用户注意力、调动用户情绪，但不要过于夸张、搞噱头，误导用户，而是要真实反映产品内容。同时还要根据市场趋势和用户反馈，定期审视和更新标题，确保标题对用户具有持续的吸引力。

开头快速抓住用户的注意力

大家在听演讲或听一些课程时，一定会有这样的感受：如果这场演讲或这堂课的开头很精彩，就会不由自主地想要继续往下听；反之，即使后面内容很精彩，你也没有耐心听下去。这就是内容开头的重要性。

开头是产品内容的重要组成部分，它不仅为整个课程奠定了基调，还会直接影响用户的兴趣与参与度。怎样才能让开头引人入胜呢？有四个技巧。

第一，开场设置广告语。设置一个简洁有力的广告语，既能为课程增添仪式感，又能吸引用户的注意力。我一般会建议大家使用 1~2 句简明扼要的语句作为广告语开场。

"普通人升级能力，聪明人升级思维，欢迎来到'高效人士的 20 堂实用思维课'。"

"好看的皮囊千篇一律，有料的大脑万里挑一，欢迎来到老路的'用得上的商学课'。"

第二，开篇直接点题。如今是一个信息大爆炸的时代，每天有大量的内容信息涌入用户的眼中、耳中，而用户的时间和注意力都是有限的。如果你在课程开篇铺垫过长，用户可能没有耐心继续听下去。因此，在课程开篇，你可以直接用

1～2句话明确课程的主题，清晰地传达出要分享的核心内容。

"大家好，我是××，今天我要和大家分享的内容是'时间管理'。"

"今天我要和大家分享的是'如何取一个让人一看就想点击的标题'。"

第三，利用情景引入。这一技巧是指将用户带入一个相关的情景，引起他们的共鸣和兴趣，让用户可以耐心地往下听。这里一般有两个技巧：一个是分享案例，另一个是直接描述场景问题。

分享案例就是通过展示真实的案例引出所要讨论的主题。例如，刘润在自己的"5分钟商学院"的一堂课程中，就是通过分享案例的方式展开要讨论内容的。

每天5分钟，解决一个商业问题。欢迎收听"刘润·5分钟商学院"。今天分享的是：如何写好一个标题。

我有个朋友，开了家火锅店，叫"小四川"，对，就是昨天说的那位朋友。他把火锅店的广告语定为"小四川火锅，吃完衣服没味道"，并打算在微信里大力推广。为此，他写了很多文章，比如《最美的味道，是欢聚的味道》《火锅的味道，只应唇齿留香，不应纠缠衣物》，但阅读量都不高，转发量就更低了。怎么办？

通过分享这个案例，用户马上就能将自己代入其中，与内容产生情感连接，继而也会持续关注如何解决相关问题。

描述场景问题，就是描述出用户可能面临的具体问题，引发关注。比如下面这个课程内容。

你好，我是汤君健，欢迎来到"汤君健·给中层的管理课30讲"。

我相信不少中层管理者，或多或少都遇到过这样的下属。

布置任务时，要么直接质疑任务的合理性，要么找各种借口："这个太难了，目标太高了，肯定办不到。"

执行任务时，工作质量差，能拖就拖，不到最后一分钟不会主动告诉你完成情况。

任务结束复盘时，你说他几句，他就一个劲儿地推卸责任："都是财务部的问题，还有运营部不配合，所以我才搞不定。"

很多管理者听到这里，立刻就能联想到自己在工作中遇到的类似问题，也容易感同身受，从而继续往下听，寻求解决方法。

第四，吊足用户胃口。在开头阶段，通过挖掘用户的学习兴趣，吊足用户的胃口，也能激发用户继续听下去的兴趣。这里有三种技巧，我用一个案例和大家分享一下。

假如你想和用户分享一个关于孩子认错的话题，就可以这样开头。

总有家长对我说："张老师，我的孩子总认为自己是对的，即使错了，也从不认错，强词夺理，振振有词，我也说不过他，这可怎么办？"

接下来，你就可以运用第一个吊胃口的技巧：提前说好处。

来，教你三招搞定，比你强迫孩子认错更有效！

你也可以运用第二个技巧：提出有新意或有冲突性的观点。

你知道吗？其实强迫孩子道歉，90%的家长都做错了！

或者，你运用第三个技巧：提出引发思考的问题。

怎么能让孩子主动认错、不顶嘴？怎么能让孩子真正意识到错误，并且主动改正？作为家长，该怎么说、怎么管？这节课我就教你三个超级简单话术。

通过运用以上策略，课程内容的开头就可以快速抓住用户的注意力，为后续内容的展开打下基础。在实际操作中，你可以根据课程内容和目标用户的特征，灵活地运用这些策略，相信你在课程的开篇就可以牢牢地抓住用户。

正文既有理论，也要有干货

正文是产品内容的核心部分，直接关系到用户的学习效果和产品的价值传递。正文结构清晰、内容丰富，有理论、有干货，既能帮助用户理解概念，又能帮助用户掌握技巧与应用方法，这样的正文内容才算是好内容。

打造内容正文时，我推荐大家使用以下两个模型。

第一个是2W1H模型，包括是什么（what）、为什么（why）和怎么做（how）三个关键要素。

是什么？（what）

解释相关概念是什么

为什么？（why）

这个概念为什么重要？有什么价值？为什么要学？

怎么做？（how）

给出解决这类问题的具体方法、技巧、工具、确保培训效果

比如，你的课程内容是关于"机会成本"的，那么在正文中，你就要讲清楚：什么是机会成本（what），为什么"机会

成本"非常重要（why），以及如何在生活和工作中利用"机会成本"（how）。

接下来，我就用一个具体的案例分析一下2W1H模型该怎么应用。我们以"如何快速提升时间管理能力，告别低效人生"为课程主题。

第一步：什么是"时间管理"（what）？

严格来说，任务重心并不是学会时间管理，而是学会如何对时间进行精准投资。就像财务管理一样，时间管理的本质是将精力和时间投入回报率最高的事情。

李先生是一位创业者，每天从早忙到晚，处理客户咨询、回复邮件、开会和解决各种突发问题。他觉得自己每天都很努力，却发现公司始终无法解决核心问题，甚至濒临倒闭。后来他才明白，真正的原因是他把时间都浪费了在低价值任务上，而不是战略决策和团队建设上。

第二步：为什么时间管理如此重要（why）？

时间管理的核心就是解放你的高价值时间，让你用更少的时间创造更多的成果。

哈佛商学院的一项研究表明，80%的结果来源于20%的高效工作时间。低效的时间利用就是"隐形的财富杀手"。

有一个著名的作家曾说："我每天只写作2小时，但每天都能完成一篇文章。"他采用的就是时间管理中的"黄金时间法则"：只在精力最充沛的时间写作，将低价值任务外包或延迟处理。这让他不仅效率倍增，还获得了可观的收入。

时间管理不是节省时间，而是通过精准投入，创造巨大的杠杆效应。

第三步：如何高效管理时间（how）？

方法1：时间审计法，即利用7天时间记录所有活动，并分析哪些任务是低价值的时间"真空"。

方法2：清单分级法，即将每天的任务分为"必须完成""次要完成"和"可以延迟"三大类，并严格执行。

方法3：高效时间段利用法，即找出每天的黄金时间段（如上午8点到11点），专注处理高价值任务，将低价值任务移向低价值时间进行处理。

第二个是PRM模型。该模型包括现象呈现（phenomenon）、原因分析（reason）和解决方案（measures）。

现象呈现

列举学员存在的场景问题

原因分析

1. 找出相关原因

2. 找出最重要的原因

解决方案

给出解决这类问题的具体方法、技巧、工具、确保培训效果比如，你的课程内容是"如何与青春期的孩子沟通"，那么在正文中，你就可以以这样的逻辑展开来讲：青春期孩子叛逆沟通的现象举例，青春期孩子叛逆的原因分析，以及怎样与青春期的孩子顺利沟通。解决了这三个关键问题，你的课程效果基本就达到了。

如果按 PRM 模型打造内容，还是以"如何快速提升时间管理能力，告别低效人生"为课程主题，可以分为三步进行。

第一步：现象呈现。

小张是一位营销经理，每天忙于处理无数的小任务，业绩却长期垫底。他始终沉浸在"解决今天的问题，忽略长期的规划"的恶性循环中。

第二步：原因分析。

原因1：任务优先级混乱，把紧急但不重要的事情当成首要任务，而忽略了决定结果的核心任务。

原因2：习惯性拖延，导致重要任务积压，最后只能紧急处理。

原因3：琐事过度分散精力，忽略了需要深度思考的高价值任务。

第三步：解决方案。

策略1：优化黄金时间，每天利用黄金时间处理最重要的任务。

策略2：掌控任务的优先级，比如运用四象限时间管理法划分任务，按顺序完成。

运用以上方法打造的课程内容，就能为用户提供清晰的可操作步骤，确保用户在学习后可以立即行动，并取得实际效果。这种有理论支撑、有实战案例、有明确方法的内容设计，不但可以增强用户的信任感，还能最大限度地提升转化率和用户黏性。

结尾让人意犹未尽

结尾部分的内容也很重要。心理学上有个词叫"峰终定律"，意思是说，人对体验的记忆是由高峰时和结束时的感觉构成的。用户对一节课程内容的感受，一方面来自听课过程中的峰值体验；另一方面来自课程结束时的体验，也就是对结尾的感受。一个好的结尾，不仅能帮助用户回顾和巩固所学内容，还能使他们产生意犹未尽之感，促使他们在课程之外继续思考和应用，并对下一次课程充满期待。

那么如何讲好结尾呢？我总结了三个技巧。

第一，课程小结。通过总结全篇的主要内容，提出一些启示和建议，可以加深用户对课程内容的印象。

以上就是今天的课程，我来总结一下，关于如何取好一个标题，你需要知道两点：一是从用户心理分析到标题套路公式；二是对细节的把控。

第二，引导互动。这种方法主要包括引导用户购买、引导用户添加微信，以及引导用户参与作业任务或点赞评论等。这样做既能增强用户的参与感，还能为后续的课程推广和用户关系维护打下基础。

第三，下次课预告。在结尾处预告下次课程的内容，提高用户的期待值，让用户对下次课的内容产生好奇。

以上就是打造优质产品内容的四个关键点，大家可以根据自己的实际需要和用户需求状况，灵活地运用其中的方法与策略，或者增加一些更有意义的互动方式，如"埋钩子"等，引导用户主动与品牌互动，增加用户的参与感与忠诚度，提升后续产品的转化率。

好包装会让产品自己说话

近年来，在产品包装上做文章，力求通过包装让用户对产品一见倾心，已经是 IP 内容打造的家常便饭。但是，什么样的包装才是好包装、是有益于内容推广的包装呢？难道就是在包装上写几条文案或放几张照片吗？为什么有的产品包装能引起用户的讨论、购买欲望，有的包装却形同虚设呢？

真正好的产品包装，不但是产品的外观设计，更是传达产品特性和内容价值的有效工具。一个优秀的产品包装，无须刻意宣传，就能使产品在众多竞争者中脱颖而出，吸引用户的注意力，激发他们的购买意愿，甚至能让用户对产品产生新的认知，加深对 IP 品牌的印象。

不过，产品包装并不是一定要"高大上"，关键是能够解决用户心中最迫切的疑问，让用户通过产品包装，就认定产品内容是为自己量身定制的。优秀的产品包装应该至少能解决用户重点关注的以下六个问题。

- 我为什么要学？
- 我为什么要相信？
- 课程主要讲什么内容？
- 课程值不值得购买？
- 我为什么现在就要买？
- 我如何参与？

简单来讲，产品包装要直击用户痛点，并清楚地告诉用户：学习并掌握这门技能，将如何改变他们的生活、工作或财务状况。

经过多年的摸索和实战经验，学两招总结出了一个成功的产品包装所包含的 10 个板块，我在这里分享给大家。

唤醒动机

唤醒动机的关键在于解决用户心中"我为什么要学"的疑问，通过将用户带入具体场景，唤醒他们潜在的痛点和需求，从而有效激发购买欲望，促使他们从"随便看看"转变为"我需要购买"。

唤醒动机有一个万能公式：需求场景＋解决方案＋方案简单＋用户好处＋证据佐证。简单来讲，就是：你有"病"＋我有"药"＋疗效显著＋使用方便＋用户好评如潮。

运用这一公式设计包装，你不仅能准确地抓到用户的痛点与需求，还能展示产品的有效性与易用性，从而引发用户的兴趣和购买决策。

我们以"×××声音变现课"为例，展示一下如何做好一个唤醒动机的包装设计。

需求场景：

对于成年人，没钱的日子有多难受？物价涨了，工资依然没涨；害怕父母生病；购物车里的衣服一直不敢买；上万元的兴趣班，孩子上不起；一旦被辞退，完全负担不起开支……

解决方案＋方案简单：

其实，有一种赚钱技能无须背景和资源，靠着1台手机、1台电脑，轻松实现月入过万。那就是声音变现！2025年，有"钱途"的新副业。

用户好处：

• 市场需求大。"喜马拉雅"App、"荔枝FM"App、"映客"App……全网有声平台众多，每月发布声音招募需求上万条。有了好声音，不怕赚不到钱。

• 门槛低，好上手。动动嘴皮子就能一直赚，一条声音还可以投稿多个渠道，赚多份钱。

证据佐证：

• @小西瓜，一名普通上班族，一边录制读书稿增长知识，一边拿稿费拿到手软，签约喜马拉雅、荔枝FM等多家平台，年收入达30万元。

• @子君，一位全职宝妈，零基础，一边照顾孩子，一边在家录制有声书，月入超过15000元，轻松赚到孩子的奶粉钱、早教钱。

讲师介绍

讲师介绍为用户解决的是"我为什么要跟你学"的问题。在这个板块中，你需要通过展示授课讲师的专业和权威，让用户坚信，自己跟随一位优秀的讲师学习，一定可以取得良好的成果，获得自己期望甚至超出自己期望的价值。

讲师介绍板块也有一套公式：讲师简介＋形象展示＋详细图文介绍。

在撰写讲师简介时，一定要突出讲师的资历、经验、成就等，同时还要用3～5句话简洁有力地描述讲师与该产品内容的相关性，从而突出讲师的专业背景、核心竞争力和教学理念，使用户快速理解为何要选择这位讲师的课程。

课程大纲

课程大纲解决的是"课程主要讲什么内容"的问题，让用户通过产品包装就能判断出课程内容是否适合自己。

下面就是一套课程包装中展示出来的课程大纲，不但模块内容清晰明确，便于用户快速了解课程框架，还提炼出了每节课的关键知识点，帮助用户弄清楚即将学习的内容。

- 找定位——挖掘自身优势，价值百万的个人品牌定位

1. 认识自己：六大关键点帮你找到自身优势

2. 确立目标：简单三问，快速找到自己的方向

3. 准确定位：立足女性四大角色，一个工具帮你定位

- 明策略——让你集人脉、汇钱脉，凝聚爱的个人品牌
  策略

4. 人脉搭建：两个关键人，搭建你的个人IP"啦啦队"

5. 提升自信：七个灵活小技巧，快速提升自信力

6. 品牌故事：四步让你的故事印象深刻有吸引力

7. 传播渠道："5+4"法则，打造价值百万的朋友圈

课程亮点

课程亮点解决的是"课程值不值得购买"的问题，所以产品包装上必须强调自己的课程与同类课程的比较优势和特点，尤其要向感兴趣的用户传达自己产品内容的独特价值，为用户提供信心。

在实际操作过程中，你可以从课程系统、讲师专业、适用场景广、简单易学、案例丰富、服务贴心、打磨严谨、音质画质高等多个角度进行思考，从自己的课程中至少找出两条"人无我有，人有我优"的亮点。

很多 IP 都设有演讲课程，有些机构在对产品内容进行包装时，会这样宣传自己的课程亮点。

这是一套完整、系统的演讲课，涵盖了 12 个演讲知识点，带你从小白到高手。

这样的描述虽然传达了课程的系统性，却缺乏足够的细节和亮点，难以让潜在用户深刻理解课程的真正价值。如果我们优化一下，效果就完全不一样了。

××老师结合自己 10 年实操经验和教学心得，探索出一套完整、系统的演讲课，涵盖 12 个精华知识点，带你从 0 到 1、从小白进阶为专业的演讲高手。

有了这样的亮点介绍，再在文字下面罗列 12 个精华知识点，一下子就能让用户直观地理解这堂课程的价值。

这就是在为自己的产品内容提炼"人无我有，人有我优"的亮点，展示了产品内容的独特性和预期效果，因此也能有效提高潜在用户的兴趣和购买意愿。

"大咖"推荐

在课程包装中，"大咖"推荐可以为产品增添权威性和吸引力。为了有效利用这一点，我推荐你使用以下两个公式构建推荐语。

公式1："大咖"推荐IP本人，人努力+人负责+人专业+结论

在过去的几年中，××老师坚持研究教育心理学，为数千名学员提供了个性化的学习指导。作为一名经验丰富的教育工作者，××老师始终关注学员的成长与需求，确保每个学员都能在他的指导下取得进步。我坚信，跟随××老师的脚步，你将收获显著的学习成果。

公式2："大咖"推荐IP的课程，我认为的+我看到的+结论

我认为这门课程是极具价值的，因为它整合了丰富的实践经验和理论知识。我看到许多学员在完成课程后，能力显著提升并实现成功转型。选择这门课程，你将学习到能够真正帮助你实现目标的方法。

在包装中运用"大咖"推荐时要注意，一定要确保推荐的内容真实可靠，为潜在用户提供真实的信心和期望。

适合谁听

该板块是帮助用户判断"课程适不适合自己学"的问题，也就是课程是否符合用户的要求和期望，从而营造出一种个性

化、定制化的体验感。

这里分为两种情况，如果你的目标人群为同一类人群，包装语中可以按照"场景＋人群"或"阶段＋人群"两种方式来划分目标用户。

方法 1：场景 ＋ 人群
主要针对 5 ~ 12 岁学生的家长。

- 常常忍不住咆哮的学生家长；
- 无法忍受孩子磨蹭的学生家长；
- 想让孩子爱上学习的学生家长；
- 想让孩子锻炼意志的学生家长。

方法 2：阶段 ＋ 人群
主要针对 20 岁以上的女性。

- 恋爱女性：担心被骗、被渣，看不清男人的真面目；
- 备婚女性：在谈婚论嫁中，为彩礼陪嫁等事宜焦头烂额；
- 已婚女性：家庭纠纷频发，想提高自保能力、婚姻经营能力；
- 离婚女性：想提高法商、情商，女性成长之道。

如果目标人群是不同类的人群，则可以按照"人群＋需求／痛点"或"多维度描述"两种方式来划分目标用户。

方法 1：人群 + 需求 / 痛点

- 全职宝妈：想增加家庭收入，让全家过得更好；
- 上班族：想多读书、多写作提升自己，兼职赚钱；
- 学生群体：想培养读书习惯，边长见识边赚钱；
- 爱读书人士：让兴趣变现，享受更佳的阅读输出体验；
- 自媒体人：想突破瓶颈，探索更多职业可能性。

方法 2：多维度描述

- 适合症状：不擅长社交、容易紧张、不会拒绝等；
- 适合人群：销售、公务员、个体老板、职员、教师等；
- 适合行业：企事业单位、房地产、保险金融等；
- 适合需求：托人办事、人际关系拓展、事业提升等。

通过细化同一人群的不同需求，或者不同人群的不同需求，让每一个用户都能从你的产品包装中找到共鸣之处，继而对课程内容产生兴趣。

课程收获

课程收获解决的是"课程是否值得购买"的问题，通过在包装文案中增加明确的收获描述，增强用户的购买信心和购买意愿。

课程收获也有一个简单且有效的公式：方法＋结果。

- 掌握八步直播课程设计（方法），小白也能直播爆单（结果）。
- 学会时间管理三大核心技术（方法），让你把1分钟用成2分钟（结果）。

在描述课程收获时，一定要确保方法与结果之间有清晰明确的连接，并且最大限度地提供可量化的结果。

课程评价

这个板块解决的是"我为什么要相信这门课程"的问题。在包装中，通过分享一部分用户的真实反馈、评价以及在学习后的成效，可以有效增强用户对课程的信心（见图4-1）。

图4-1 课程评价示例

在分享课程评价时，主要注意以下四点：最好有前后对比；用户身份具有多样性；评价内容突出重点；用户成果配图展示。

充分展示课程评价不仅可以增强潜在用户的信任感，还能有效提高购买转化率。在整个包装过程中，课程评价作为一个关键环节，应予以高度重视并精心设计。

引导下单

要想在包装中成功引导用户下单，你不但要清晰地传达课程的价值，还要巧妙地运用价格策略和心理引导来提升用户的购买欲望。一般来讲，可以运用以下四种方法引导用户下单。

方法1：比价

- 跟老师的线下课、1对1咨询等高价商品多进行对比。如：个人婚姻咨询收费2000元/小时，而这门"×××婚姻经营课"只要59元。
- 跟其他参照物的价格进行对比。如：花39元喝奶茶，收获的只能是卡路里和赘肉，不如来这里听8节课，给大脑"加个餐"。

方法2：均摊价格

- 价格/天数（课程数）。如：20节课99元，一节课不到 5 块钱。

方法 3：限时限量

- 限时促销价格、限定名额。如：限时特价 99 元；优惠仅限前 100 名。

方法 4：正当消费

- 自我提升。如：瘦下来，为了家人，更为了自己！

常见问题

这一板块是帮助用户解决购买疑惑和所担心的问题的关键部分。通常来讲，用户遇到的疑问主要包括这几类：学习门槛高不高？学习流程复不复杂？学习效果好不好？学习无效是否可以退款？课程的有效期是多久？是否有其他赠品？是否有附加的增值服务？等等。

预先识别用户可能遇到的疑问，并在包装中提供清晰、明确的解答，可以大大减少用户的购买顾虑，提高成交率。

总之，无论打造线下产品还是线上产品，包装设计都在很大程度上决定了用户对产品的关注度和兴趣度。如今的营销成本是极高的，那么贵的流量好不容易吸引来了，结果因为产品包装不具备吸引力，变现率不高，岂不可惜？所以，要想利用包装提高转化率，就要在包装上有效地展示出产品内容的优势，同时也将其作为与用户建立连接和打造 IP 品牌的桥梁。

（第五节）

打磨配套的
营销素材

产品包装可以让产品"自我表达",向用户有效传达出产品内容的价值和特点。仅仅依靠内容和包装还不足以吸引用户的关注,在营销过程中,与产品内容配套的营销素材也很重要。好的营销素材应该以生动的图像、吸引人的文案,以及引人入胜的故事,抓住用户的注意力,促使他们进一步探索产品详情。

与此同时,在信息爆炸的市场环境中,优秀的营销素材还可以提升产品的可见性,让用户一眼就能发现并记住你的产品。一些专业且吸引人的营销素材,还能通过案例分享、用户评价和社交证明来增强 IP 品牌的可信度,使用户更加相信自己的购买选择是正确的。

那么,如何打磨配套的营销素材,才能确保它们既能吸引用户的注意力,又能激发用户的购买意愿,引导他们持续购买呢?

通常来讲,产品的营销素材主要包括海报、产品封面图、朋友圈文案及营销软文等几大类。学两招在帮助客户筹备营销素材时,主要从几大类入手,并且积累了丰富的经验。接下来,我就分别介绍一下,如何从这几个方面来打磨优质的营销素材。

第一类素材：海报

海报是产品内容营销中不可或缺的一部分。一份有"颜"又有"料"的海报不仅能吸引用户的目光，还能激发其兴趣，引导他们进一步了解产品内容。

那么，产品海报是不是好看就可以呢？

当然不是。海报不仅要好看、美观，更要具备实用性。否则，目标用户在海报上看不到产品的价值，也就没有兴趣进一步关注，最终的结果便是海报无效。

高转化率的海报应该具备以下三个标准。

被看见。海报的目的首先是让用户看见，因此必须设计得引人注目，使用鲜艳的颜色、引人入胜的图案和简洁的设计布局，确保用户在众多信息中一眼就能注意到你的海报。

被点击。除了美观，海报的内容还要足够吸引人，能让用户产生点击的欲望。你可以运用强有力的语言和视觉元素，引导用户点击进入，了解更多内容。

被扫码。海报中要包含有明确的行为引导，如扫码领福利、扫码报名课程有优惠等，并且要确保二维码的位置显眼，容易被扫描。

为了提高转化率,在设计海报时,我们还要重点关注以下七个要素。

主标题:这是海报的核心。主标题应简单明了,直接传达产品的价值。

副标题:为海报的主标题提供补充信息或进一步制造新的吸引力。

讲师介绍:介绍讲师的背景和资历等,增强课程权威性,让用户更容易信服。

讲师形象照:使用清晰、专业的讲师形象照片,给用户留下良好的第一印象。

课程提纲或亮点:简要列出课程的主要内容和独特之处,帮助用户快速判断课程的价值。

信任背书:可以添加来自知名机构、媒体或过往学员的评价,提高可信度。

促单福利:提供限时优惠、赠品或其他福利,激励用户立即下单。

第二类素材：产品封面图

为产品设计精美的封面图，目的也是吸引用户的注意、传达产品价值，帮助用户在短时间内理解产品的内容。不仅如此，封面与产品一致的设计风格还有助于强化 IP 品牌，增强品牌识别度，让用户对你的 IP 品牌产生信任感。

产品封面图通常可分为两大类。

第一类是用于产品介绍的产品封面图。这类封面图的目的就是吸引用户持续浏览，防止他们在极短的时间内关闭页面。有效的产品封面图应解决以下四个核心问题。

这是什么课程？——清晰传达课程的主题和内容。

适不适合我学习？——要让用户感受到课程与自己的相关性及适用性。

我能收获什么？——明确用户将在课程中获得的具体收益。

值不值得我购买？——展示讲师资历或成功案例，增强信任感。

要想解决以上四个问题，产品封面图上应包含五大信息结构，即主标题、副标题、讲师介绍、课程亮点与促销标签。图 4-2 中的产品封面图，就包含了以上 5 个要素。有些结构虽然不是必需的，但必要时加上，往往可以起到更好的营销效果。

图 4-2　课程封面图五大结构

　　第二类是用于广告位的产品封面图。它的作用是吸引用户点击。在设计时，可以从以下六个方向发挥创意。

　　挖痛点。例如："孩子马虎、拖拉，注意力不集中怎么办？这个方法很有效。"

　　说好处。例如：三招专治不爱学习的"熊孩子"。

　　蹭热点。例如："在素质教育的体系下，如何培养孩子的自主学习能力。"

　　蹭节假日。例如："寒假期间孩子迅速提分的学习妙招。"

　　说案例。例如："10 天，让孩子的数学从 24 分'暴力'提升到 80 分。"

　　傍"大款"。例如："明星妈妈 ×× 也在用的育儿技巧。"

　　需要注意的是，要想吸引用户持续关注，最好能不定期更新产品封面图，让每次进入系统的用户都有点击进去看看的欲望，同时也能刺激代理机构主动推广产品。

第三类素材：朋友圈文案

朋友圈也是一个重要的产品营销渠道。在产品推广过程中，优质的朋友圈文案同样可以有效提高转化率，可以拆分为看见率、点击率和购买率。三者互相影响，密切相关（见图4-3）。

图4-3 转化率的构成

关于朋友圈文案的设计方式，有一个非常实用的撰写公式：痛点吸引＋产品特点＋用户好处＋证据佐证＋行为指令。

如果你的产品内容是关于财商启蒙的课程，那么在撰写朋友圈文案时，就可以按照下面的模板来写。

- *痛点吸引。* 例如："为什么天天理财却越理越亏？"
- *产品特点。* 例如："17年高回报职业投资人教你高效理财。"

- 用户好处。例如："既赚得了钱，还存得下钱。"
- 证据佐证。例如："线下 1000+ 学员亲测有效。"
- 行动指令。例如："扫码购买立减 100 元。"

要想写好朋友圈文案，就要善于在文案中挖掘用户痛点，引起用户共鸣，同时也要描述出自己产品的特点与价值，并通过具体的数字与指标表述，提升用户的信任度，促使用户做出购买决策。

第四类素材：营销软文

营销软文就是推广产品的一些文章。软文不仅能最大限度地展示出产品内容的独特价值，还能通过优美的语言深入用户内心，让他们与产品和品牌产生共鸣，最终转化为购买的意愿。

软文的作者可以是多个角色，用户、学员、代理、专家等。不同的角色也能从不同的角度撰写软文，展现产品的不同价值，增强产品和品牌的说服力、权威性和信任度。

下面是壹到拾学堂的一篇营销软文。

同事借钱，借还是不借？教你第三种方法

在信任危机无处不在的今天，作为混迹职场多年的"社畜"，不但见识过在经济周期影响下行业的风云变幻，也经历了同事之间因借贷导致的反目与撕扯。

"读别人的故事，悟自己的人生。"职场借钱不是借或不借那么简单，往小了说会影响同事关系，往大了说有可能让自己掉入财务陷阱，为他人的危机买单。

今天想给大家讲讲发生在我身边的两个真实的故事。

谈感情真的会伤钱——我被同事间的情谊"绑架"了

说起来，我也在职场借贷中栽过跟头。记得多年前刚调到一个新单位工作时，同事之间相处得挺融洽。有一天，部门的老肖突然找到我说，他家里有点急事，需要一笔钱周转，问我能不能借他 5 万元应急，承诺 3 个月内一定还清。老肖平时为人仗义，工作也勤奋，我想都没想就答应了。毕竟，谁没个难处呢？

时间一天天过去，3 个月很快就到了，老肖却迟迟没有提还款的事。我开始有些不安，但又不好意思直接开口要。

直到半年后，我实在等不下去了，鼓起勇气问老肖。没想到，他一脸为难地说："我现在手头紧，能不能再缓缓？"那一刻，我心里五味杂陈，感觉自己被"同事"二字绑架了。

事后想想，这场借贷没有书面协议，没有事前调研，没有清晰的财务规划……实际上这些都是坑呀！

职场借贷，考验的不仅是人与人之间的信任与情谊，更是对风险控制的敏锐度和个人财务管理的智慧。

虽然最后钱是还回来了，职场同事情谊却没那么融洽了。从那之后，我学会了冷静谨慎地对待借钱这件事儿。信任归信任，但该有的手续和规划一样都不能少。

"100%年利率你也信？"——高息诱惑下的疯狂

同事大高，是个"能人"，对各种投资方法如数家珍，经常在办公室和大家分享自己的收获。这次他又向大家"透露"了一个"100%年利率"的投资产品。

开始，大家都保持谨慎的态度，觉得不可能有这么高的收益率。但是，几个大着胆子用小钱尝试的同事，竟然真的尝到了甜头，每个月的"利息红包"让其他人心痒难耐。半信半疑之下，更多的人、更大的金额，大家开始纷纷试水。

好景不长！突然有一天，大家突然发现，这位"能人"带着近60万元的巨款"跑路"了！

其中，一位与大高关系最好的同事搭进去19万元，这可是他多年攒下的所有积蓄。这场"职场诈骗"给他留下的只有无尽的懊悔和家人的指责吵闹，日子过得一地鸡毛。一次错误的豪赌带来生活的变数，让人始料未及。

通过这件事，我开始琢磨，为什么我们会这么容易上当？还不是因为心里那点"小九九"——想赚快钱，外加对同事的盲目信赖，忘了把控风险。面对高息诱惑，一定要保持清醒，理性分析，不要被快速发财的美梦迷住了心窍！很多时候，恐惧看似没有了，风险却还在。

借还是不借，怎么应对

职场中，同事找你借钱是常常会遇到的问题，大家对彼此的收入心知肚明。有人可能就是数着发工资的日子找你借钱，该如何应对呢？我有以下三招可以帮你规避风险。

第一招：明确借款用途，评估个人信用。

俗话说，"借急不借穷"。如果对方说明了具体急需用钱的原因，比如家人生病或有其他紧急意外发生，以你平时对他的了解，知道对方有还款能力且平时人品好、讲信用，且所借的钱在自己的能力范围内，可以适当出借，写好借据，约定明确的还款时间。

如果对方常常入不敷出，借钱是为了消费或给朋友送礼等非必要选项，不如委婉拒绝，不必为了面子借钱给他人。

第二招：大钱不借，小钱慎重。

同事之间不应涉及大额借款，毕竟离开公司后，你们也许就会相忘于江湖。如果有同事向你大金额借钱，你也不想借，就可以找适当的理由委婉拒绝。

如果是借小钱，你就视关系而定。你很在意对方，不想因为一点小钱而让对方失望，不妨做好最坏打算，即使他不还钱，你也不心疼，就当一段朋友关系的检验费。即便如此，依然要"亲兄弟明算账"，白纸黑字写好借条。

第三招：授之以鱼，不如授之以渔。

运用理财知识，善用银行的钱。有稳定工作且按时缴纳公积金的在职人士，都可以从银行申请信用贷。在你委婉拒绝同事的借钱请求时，如果可以为对方提供另一个解决问题的方法——找银行借钱，相信他也能理解并接受。

同时，你还可以提供进一步的借款知识和技术支持。信用贷的申请有很多讲究，利息高低不是唯一考量指标，还款方式更为重要。比如，是不是随借随还，多久必须还一次本金，还有不同银行授予的额度高低和年限也不同。尤其要提醒他们避免逾期，务必保护好自己的信用，相信同事也会对你的专业帮助心怀感激。

如果自己具备丰富的投资理财知识，同事间的集资理财或投资，你就能轻易鉴别其中的门道，既能避免自己踩坑，也能向同事们普及什么样的投资不能参与。

只有钱在自己能掌控的账户这类投资才可以放心参与，如证券投资、银行理财。先不论投资收益高低和稳定性，首先要知道哪些项目坚决不能投，避免踏入那些"你图人家利息，人家要你本金"的所谓"理财"项目。

最后的话

同事之间借钱看似小事，可有借无还就变成了大事，帮了别人，崩溃的是自己。不让职场关系变味儿，并非只需拒绝那么简单。

如今我学习了财商知识，懂得安全低风险的理财方式，还能提高同事们的财商，在他们需要借钱时告诉他们哪里可以借到钱，在他们想赚钱时分享更好的投资策略和方法，走向共同致富之路。

科学理财，理性投资，谨慎借钱，这才是真正的职场智慧。

好产品离不开好内容。优质的内容才能真正满足用户需求，为用户创造价值。但是，要想让你的产品持续地获得用户喜欢和认可，并愿意为之付费，除了有过硬的内容，还需要有效的营销策略，包括精心打磨营销素材，以及根据不同的社交媒体特性制定符合产品的营销推广策略等。关于这部分内容，我将在下一章详细地和大家分享。

第五章

运用私域代理卖爆超级 IP 产品

超级 IP 产品应该怎么卖?

在大多数人看来,IP 产品的销售与普通产品没什么区别,无非就是通过直销、线上营销、广告宣传等方式实现销售目标。这些方式各有其优势和适用场景,也的确能达到一定的销售目的。然而,面对不断变化的市场需求,除了常规的销售方式,我们能否找到更实用、更高效的营销方式,确保产品可以更加成功地推向市场呢?

与传统的营销方式相比,利用私域的力量营销 IP 产品,往往可以产生意想不到的结果。学两招赋能的教育培训机构更多地依赖于私域代理的运营模式,不但有效降低了营销成本,还在用户信任的基础上做到了精准转化,实现了最佳的营销效果。

IP 产品私域代理的优势

什么是私域代理？

简单而言，就是搭建自己的私域平台，代理销售某一品牌或产品的业务模式。私域代理通过自己的社交媒体、微信群、朋友圈等渠道，将品牌或产品信息传递给目标客户，最终实现销售转化。

说到"代理"，很多人脑海中浮现的可能是"割韭菜"三个字。想象一下，如果你为代理提供的是优质的产品、优秀的机制、丰富的素材、强大的工具和系统的培训，他们就可以在你提供的平台上进行创业，实现流量的真正变现。这样的结果，怎么能是"割韭菜"呢？

在打造超级 IP 产品的过程中，私域代理是产品业务链条中非常重要的一环。他们可以通过自己的社交网络为机构或企业带来流量和用户，并且这种流量经过筛选，目标明确，转化率更高。通过他们的影响力和信任度，用户会更容易接受你的产品和服务。

比如，在寻找用户方面，私域代理不仅能通过社交网络迅速找到潜在用户，还能利用他们的人际关系资源进行精准引流，快速、准确地接触到高价值用户，而不是像机构或企业的销售人员那样，需要在广阔的市场中漫无目的地"海捞"用户。

一旦找到用户，私域代理的个人魅力和沟通能力便能够发挥关键作用。他们会借助个性化的语言与互动方式，与潜在用户分享自己的真实经历、成功案例，甚至是生活中的趣事、琐事，迅速获得潜在用户的关注和好感。这种情感联结是无法利用传统广告建立的，它会让用户感觉"我和这个人是有共鸣的，他的经验我能借鉴"。信任是促成成交的关键因素，私域代理的优势之一就在于能迅速与用户构建起这种信任关系。

与此同时，私域代理还能通过多种方式深入了解用户的痛点和需求。这与传统营销中简单的客户问答完全不同，他们通过细致的沟通与观察，甚至在陪伴用户的过程中，发掘出潜在用户未曾表达出来的真实痛点和需求，然后为其提供精准的解决方案，为用户创造实打实的价值。

简而言之，私域代理并不只是帮助你推销产品，而是根据潜在用户的具体情况，为用户提供个性化的解决方案，并最大限度地为用户消除疑虑、解决问题。这种量身定制的服务会让用户感到自己被关注、被重视，也能体验到自己从中获得的好处。私域代理的长期陪伴，还能让用户感到"我与这个人建立了关系"，由此也更愿意成交，甚至持续复购（见图 5-1）。

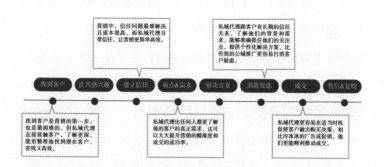

图 5-1　私域代理在成交关键环节中的优势

学两招在发展过程中，与众多教育 IP 和私域代理联手，形成了一个强大的合作生态网。我们用心打造产品，教育 IP 则完全可以依赖私域代理的运营模式，通过私域代理充分发挥自己的独特优势来推广 IP 产品。这样做不但完成了年度商品交易总额的目标，而且实现了良性、稳定、持续的增长。当然，在此过程中，用户始终都是我们关注的核心。能够为用户创造价值，让用户享受到优质的产品和服务，始终是我们共同的目标。

那么，IP 产品是不是只要通过私域代理的模式进行推广和营销，就一定能成功呢？

并非如此。要想在私域中成功卖出产品，单靠私域代理的热情和努力远远不够，还需要机构或企业满足几个重要前提，即有好产品、好机制、好素材、好工具和好的培训方法。

只有这些要素妥善地配置在一起并有效执行，私域代理才能真正发挥潜力，实现销售业绩的突破与增长。

前提一：好产品

要想成功销售 IP 产品，产品本身首先必须足够好，这也是打造超级 IP 产品最重要的前提。一个好的 IP 产品不仅需要具备高质量和实用性，还要能围绕用户需求进行深入的市场定位与产品设计。具体而言，好产品需要满足下面四个条件。

准确的市场定位。IP 产品的成功，首先源于对市场的准确定位。只有通过对目标用户的深入分析与研究，明确用户痛点与需求，才能设计出符合市场期待的产品。清晰的定位可以帮助产品在激烈的市场竞争中脱颖而出，确保有效满足用户的特定需求，为用户创造价值。

结构化的矩阵式产品体系。IP 产品体系应涵盖多种产品形式，以满足不同用户群体的需求，而结构化的矩阵式产品体系既能提升用户选择的空间，还能有效扩大市场覆盖率，推动销售的增长。

打造核心爆款产品。爆款产品是产品体系中的核心，它可以更加精准地解决用户痛点，为用户提供显著价值。通过精细化的内容设计、精准的市场策略与持续的用户反馈，爆款产品可以吸引海量用户，树立良好的品牌形象，增强用户对 IP 品牌的信任。

持续的迭代与优化。任何优质的 IP 产品都不是一次性开发完成的，而是要经过一个不断完善与演进的过程。IP 产品要想持久地为用户创造价值，就必须不断迭代与优化。定期进行市场调研，收集用户反馈，更新产品内容，可以帮助产品保持有效竞争力，确保始终符合用户期望。

前提二：好机制

所谓好机制，就是一个合理的、有效的分配和激励机制，它涵盖从内部研发团队到外部合作伙伴的整个生态系统。具体来讲，它包含以下三个方面的内容。

内部团队的激励机制。一个高效的内部团队，是推动 IP 产品成功的动力。研发人员、交付团队、运营团队以及销售团队，每个环节都不可或缺。为了激励团队成员积极参与 IP 产品的开发和销售，我们需要制定合理的激励政策，比如给予相应的奖金或股份等，提升团队人员的工作积极性。

外部合作伙伴的激励机制。除了内部团队，外部的代理商、服务商和供应商也是推动 IP 成功的关键因素。与外部合作伙伴建立良好的关系，不但有助于开拓产品市场，还能大大提升销售效率。因此，对外部合作伙伴的激励也不能忽视。

比如，设置合理的代理商分佣比例，确保代理商能从产品销售中获得丰厚的回报，进而激励他们更加积极地推广产品；与服务商与供应商建立购买的合作协议和奖惩机制，确保他们在交付过程中的高效性和准确性，提升用户的整体体验。

整体协作机制。各个团队与团队伙伴之间，需要通过信息共享与协同作战提升工作效率，这就需要建立一个统一的信息平台，使内部团队成员与外部合作伙伴都可以实时获取产品信息、市场动态和用户反馈，以便快速调整策略，形成合力。

前提三：好素材

精心设计的视觉素材和文案内容既能展示 IP 产品的品牌形象，还能生动地展示产品的特点和优势，帮助用户快速抓住产品的有效信息和能给自己带来的价值，从而降低他们做出购买决策的难度，最终提高产品的转化率。

不仅如此，好素材在产品直接销售和代理销售的过程中也都扮演着重要角色，帮助代理商更轻松地推介产品，提升整个销售链条的效率。只有将优质的产品与引人注目的营销素材结合起来，才能形成良性的销售循环。

前提四：好工具

在当下的市场环境中，技术驱动的工具也是 IP 产品成功销售的核心要素之一。无论交付系统、营销系统、运营系统，还是财税系统都离不开技术的支持。良好的技术工具既能提高工作效率，还能规范运营流程，确保每个环节都顺畅连接。

比如，在产品交付过程中，完善的交付系统可以确保用户在购买后，及时、顺利地接收并使用产品。用户友好的平台还能让学员随时随地访问课程内容、参与互动和获取支持，从而提升学习效果和满意度。

再如，一个高效的营销系统可以帮助机构或企业管理潜在用户，跟踪销售线索，并实施精准的营销活动。通过数据分析和智能化营销工具，机构或企业可以更加深入地了解用户行为，继而制定出更有针对性的营销策略，增强产品的市场竞争力。

前提五：好培训

无论对内部员工还是对外部代理，系统的培训内容能够确保每个参与者清楚企业的定位、产品的卖点、学员的学习路径、营销的转化路径，以及相关的营销技巧和系统使用方法等。

对内部员工来说，只有通过培训，充分了解企业的使命、愿景和产品的核心价值，他们才能将这些信息有效地传递给客户。同时，了解学员的学习路径和营销转化路径，也能使员工在与学员沟通时，为其提供更有针对性的建议，从而提升用户体验。

对外部代理而言，系统的培训可以帮助他们了解分佣机制，掌握销售技巧，增强对产品的理解，确保他们在推广产品的过程中可以通过有效的方法吸引用户并进行转化，从而提升销售能力。

由此可见，教育培训机构或企业要想将流量转化为成交，有效推广自己的IP产品，并不是一件容易的事，而私域代理在这个过程中发挥了重要作用。所以，私域代理在整个业务链条中的角色远不止是简单的中介。我们打造的是一个合作共赢的生态平台，每一个参与者都能在这个平台上实现他们的价值。通过这种思维的转变，我们不仅提升了业务的灵活性，还为行业的可持续发展注入新的活力。

私域代理来源的两种途径

现在，越来越多的商家在私域流量中建立了自己的社交网络，并通过各种活动和福利吸引用户，提高用户消费的频率，并吸引更多的人加入代理团队。

那么，真正能创造价值和利润的私域代理，通常来自哪里呢？

很多想通过私域代理进行 IP 产品推广和营销的机构或企业都陷入一个误区，认为私域代理只能从学员中发展。学员确实可以成为私域代理，因为他们对产品和课程的认可度高、社交能力强，还能积极参与课程互动。但是，私域代理不仅包括学员代理，还包括许多拥有丰富资源和强大影响力的流量代理，如社群群主、行业关键意见领袖（key opinion leader，KOL）等，他们的潜力和价值不容小觑。用好流量代理，不但能让产品快速触达潜在用户，还可以利用他们与用户之间的信任关系，提高用户对产品的接受度，进而有效提高转化率。

所以，只将私域代理的来源局限于学员，无异于自我设限。为了实现长期稳定的增长与变现，我们应该拓宽视野，积极挖掘流量代理的潜力，充分利用他们的资源和影响力，拓宽用户基础，为 IP 产品的推广营销创造更多的机会与收益。

但是，并不是所有的学员和流量代理都能成为私域代理，他们也需要满足一定的条件。下面我就和大家分享一下，如何选择学员代理和流量代理进行 IP 产品的私域营销。

学员代理

学员要发展成为私域代理，一般需要满足以下五个条件。

对产品认可度高。这是对学员代理最基本的要求。这点不难理解，如果学员自己都不认可这个产品，那么他又怎么能自信地向其他用户推荐和销售呢？

只有学员真正理解、认可并欣赏产品的价值时，他们才愿意主动推广。这种认同感不仅源于产品内容的质量，还源于他们在学习过程中的真实体验和收获。当学员认为自己从产品内容中受益匪浅，才更有动力将产品分享和推荐给别人。

社交能力强。推广产品本质上是一种沟通与互动活动，而具有良好社交能力的学员，可以更自然地与他人建立联系、沟通产品内容，并引发潜在用户的兴趣。无论面对面交流还是在社交媒体上，他们都能轻松地吸引别人的注意，并传达出产品和内容的价值。

在社交圈具有一定的影响力。拥有一定粉丝或受众基础的学员担任私域代理，往往能起到事半功倍的效果。他们可以通过自己的社交网络，将产品介绍给更多人。这种影响力可以是个人品牌、行业地位，也可以是单纯的人际关系网。

学两招合作的教育 IP，都是先过产品关，解决"卖什么"的问题后，再通过深度私域运营解决"怎么卖"的问题。比如坚持星球、拙勇堂等，在与学两招合作后，都是在短短一年的时间里就实现了几十倍的增长，私域代理几乎贡献了 90% 的力量。

积极参与课程互动。在学习过程中，一些学员会频繁发言、主动提问或分享自己的观点与感受，表现出对课程的浓厚兴趣。这些学员往往对产品内容有更深刻的理解，并且能将学到的知识灵活运用到实际生活中。在担任代理时，他们也能吸引他人一起加入学习活动。

具备一定的数字化工具使用能力。在互联网时代，很多推广和营销工作都需要借助数字化工具和平台来实现。能熟练运用社交媒体、在线沟通工具和营销软件的学员，可以更高效地完成推广任务。这些技能不但能提高他们的工作效率，还能帮助他们更好地分析数据、评估效果。

具备以上特征的学员代理，往往更有可能在私域运营中发挥出色，实现更高的销售转化，同时还可以在一定程度上扩大品牌的影响力。

教育培训机构或企业招募学员代理时，除了要求学员满足以上条件，自身也要设立明确的收益机制，让学员清楚地了解自己通过代理能够获得的具体收益，包括销售提成、奖励制度和其他激励措施等。教育培训机构或企业还可以设定不同的代理等级和对应的成长路径，鼓励学员代理不断进步，提升他们的归属感与忠诚度。

在招募代理的过程中，切忌直接收费或"卖代理"，而应采取赠送、考试或申请的方式，让学员主动参与到代理事业。通过这些措施，机构或企业才能有效招募到优质的学员代理，推动业务的持续增长。

流量代理

流量代理是指那些拥有大量用户或受众资源的个人或组织。他们通常在特定领域内拥有自己的社群、平台或受众基础，能够通过自身的影响力推广产品和服务。

具体来讲，流量代理包括以下几种类型。

- 社群群主：管理某个特定社群（如微信群、QQ群等）的人，可以直接接触到社群成员，分享产品信息。
- 协会会长：在专业协会中担任领导职务的人，拥有广泛的行业联系，可以向成员推荐相关产品。

- 电商商家：在线销售产品的商家，利用自身的客户资源为教育培训机构或企业推广 IP 产品。

- KOL：在社交媒体上具有一定影响力的人，通常拥有大量粉丝，推荐产品能够有效提升产品的可信度。

- 博主：通过博客、视频等形式分享内容的人，可以通过自己的社交平台宣传课程。

- 行业专家：在某一领域拥有丰富知识和经验的人，能够借助专业性提升产品的吸引力。

- 培训机构：从事教育培训的机构，可以向学员进行推广宣传，提升产品的市场覆盖率。

以上这些群体都可以成为流量代理"候选人"，他们往往可以利用自身的资源优势，根据受众的类别与需求，精准地推荐产品。比如，在抖音、小红书等平台上，经常有一些粉丝群体庞大的博主，向自己的粉丝或观众推荐一些 IP 产品、课程等。有研究表明，用户更倾向于相信自己的信任来源所推荐的产品，而流量代理就是这样的信任来源，由他们来推广 IP 产品，也会创造更高的转化率。

不仅如此，相较于传统广告的投放，机构和企业通过流量代理推广产品的成本更低，可以节省大量的广告费用。

那么，怎样寻找流量代理呢？是不是随便联系几个社群群主、协会会长、网红博主，他们就愿意帮你推广呢？

当然不是。要想找到合适的流量代理，首先，你要通过精准邀约的方式，有针对性地向潜在的流量代理"候选人"发出合作邀约，并向其提供明确的合作方案，以及合理的佣金、奖励和激励机制，确保他们能看到合作的诚意。

其次，一些拥有较大流量的优秀学员代理，或者学员代理介绍的行业内的 KOL、社群群主等，也可以成为流量代理。通过与这些人合作，机构或企业就能利用他们的资源，快速扩大 IP 产品和品牌的影响范围，为产品推广增加更多的潜在机会。

最后，品牌联动也是招募流量代理的有效方式。机构或企业可以与其他品牌的教育 IP 进行合作，实现资源共享、互惠共赢。比如，现在有一些教辅品牌产品，就通过与"学而思"合作，利用它的品牌效应和用户基础，共同推广产品。这种方式能有效帮助教育培训机构或企业拓宽自己的用户群体，提升品牌曝光率。

通过学员代理和流量代理两种途径，IP 产品的推广和营销变得非常高效。当然，在这个过程中，重要的是双方要建立起友好的信任与合作关系，让代理感受到自己是团队中的一员，而不是单纯的"销售工具"，这一点也是需要机构和企业重点关注的。

为私域代理提供培训与技术支持

私域代理不仅是 IP 产品销售的渠道，更是 IP 品牌与用户之间的桥梁。然而，并不是每一个代理都能成功地卖出产品。代理需要的不仅是产品，更多的是支持和指导。他们需要深入地了解产品的特点、优势，以及能为用户创造什么价值，这样才能更有信心地向用户推荐。代理还要学会维护客户关系，增加用户对自己和对产品的信任度与忠诚度，提升复购率。这就需要机构或企业对私域代理提供有效的培训和技术支持。

有人认为，对私域代理的培训就是给他们传授一些产品知识和销售技巧。事实上，对代理的培训不仅是传授知识和销售技巧，更是在建立彼此间的信任关系。有效的培训和技术支持可以让代理更好地理解自己在业务链条中的角色，调动销售热情，更有信心和底气，从而在推销产品的过程中发挥关键性作用。

值得一提的是，对私域代理进行培训并非一蹴而就，而是需要耐心和持续投入。教育培训机构或企业应该制订系统的培训计划，结合代理的实际需求，提供更有针对性的培训措施。

一般来讲，教育培训机构或企业对代理的培训分两类：一类是首次培训；另一类是长期运营培训。不同的培训有不同的重点。

首次培训主要是为代理提供基础的知识与技能培训，内容主要包括企业文化、产品市场定位和相关知识、销售技巧等，目的是帮助代理在工作初期建立信心和方向。虽然培训内容比较基础，却不能忽视，它可以为代理未来的推广和销售工作打下基础。

以下是学两招经过长期对市场的跟进考察与探索，沉淀下来的一个标准的培训大纲。在赋能客户时，我们会让客户按照这个规定流程对私域代理进行首次培训（见表5-1）。

表5-1　代理的首次培训大纲

模块	内容
1.私域代理的定位	（1）T2S2B2C–代理在我们的业务链条中的角色
2.代理赚钱的底层逻辑	（1）代理在我们的平台赚钱的底层逻辑
3.公司介绍	（1）公司愿景、使命和核心价值观；（2）公司发展历史和取得的成就
4.客户定位与市场规模	（1）用户画像与细分市场；（2）市场规模分析；（3）客户的核心痛点与需求
5.产品矩阵与卖点	（1）公司产品矩阵；（2）每个产品的核心卖点及优势
6.学员学习路径	（1）学员从入门到进阶的学习路径设计；（2）如何帮助学员实现学习目标，提升学习效果
7.公司成交路径	（1）成交路径的关键节点（兴趣、引流、转化、成交）
8.代理类型及分佣机制	（1）不同类型代理的分佣机制（收入结构、提成比例）

模块	内容
9.用户绑定规则解读	（1）代理如何绑定用户；（2）用户绑定的规则与流程
10.系统操作培训	（1）如何分享；（2）合伙人区等
11.红线规则	（1）代理的红线规则，禁止事项与违规后果（如：虚假宣传、违反公司规定等）
12.运营技巧	（1）代理的日常运营技巧
13.代理常见问题解答	（1）常见代理问题汇总与解答（如：如何跟进客户、如何提升转化率等）
14.榜样分享	（1）成功代理的榜样案例分享

　　长期运营培训的内容主要包括最新的市场趋势、产品更新情况、销售策略的调整，以及代理运营的技巧等。这些培训内容可以对代理进行长期支持与指导，帮助代理不断提升自己的业务能力，快速适应市场变化，调整自己的销售策略。

　　长期运营培训的模式比较灵活，比如，每周选择固定的一天进行线上会议，或者每个月进行一次线下培训等。这种培训方式，既能提升私域代理的业务能力，还能增强他们对机构或企业的认同感和归属感。

　　除了对私域代理进行相应的培训，教育培训机构或企业还要在私域代理运营过程中提供高效的技术支持。技术驱动不仅仅是一个工具，更是实现高效运营、提升用户体验、提高转化率的核心动力。

在传统的代理运营过程中，许多流程都会因人工操作而效率低下。借助技术，IP 产品的推广和销售过程中的许多任务就可以实现智能化、自动化。无论用户管理、数据录入还是订单管理，通过使用相应的软件工具，都能显著提升效率。这就减轻了私域代理的工作负担，让他们有更多的时间和精力进行用户互动和关系维护，不断提升销售业绩。

不仅如此，教育培训机构或企业还可以借助技术为用户提供更加流畅和个性化的服务。例如，通过聊天机器人和智能客服的辅助，一些代理可以在任何时候都能快速响应用户的问题和反馈，帮助用户更好地使用产品和服务。而且，通过这些问题与反馈，代理也能及时了解市场需求变化，调整自己的销售策略和产品定位，这种灵活性是传统销售模式难以实现的。对用户来说，通过定制化的用户界面，他们也可以轻松地找到自己所需要的产品和服务，享受顺畅的购物体验。这样，用户不仅愿意初次尝试购买，还有可能发展成长期的忠实用户。

需要注意的是，在这个过程中，教育培训机构或企业一定要对私域代理做好监督与管理，保持良好的沟通，定期收集他们的反馈和意见，并要求他们必须遵循数据保护的相关法律法规，确保用户信息的隐私安全。

私域代理运营虽然有诸多优势，但同时伴随着很多挑战。只有认真对待以上事项，持续优化代理的培训与支持，尤其是借助技术的力量，才能充分释放他们的潜力，推动业务的持续增长。通过对各种关键因素的重视，我们就能建立一个健康的私域代理生态系统，确保各方都能得到自己想要的结果。

（第四节）

代理运维
如何轻松
得到结果

虽然通过私域代理的模式，可以更加高效地对 IP 产品进行推广和营销，但也有一些代理在运维过程中并没有取到理想的结果，教育机构或企业由此便认为私域代理是不能做的、是"忽悠"人的。

真的是这样吗？

这背后的原因是多方面的。尤其是在教育培训机构运营代理时，往往存在很多根本性的逻辑问题。比如，他们给了代理一个身份和分成机制，但同时也把其他一切事务都推给代理自行处理，如产品与营销素材的质量、技术工具的使用等。这种做法缺乏对代理的支持与指导，使他们难以解决在推广和销售产品时遇到的很多问题。因为大多数代理并不是从事销售工作的专业人员，对产品、技术等也都缺乏深入的了解，而且他们的时间和精力有限，自然也难以取得实质性的业绩。为了能出业绩，他们往往只能推销一些低价产品，获取微薄的利润。高价值产品的代理通常需要具备丰富的专业知识、高超的沟通技巧和较多的时间投入，然而许多代理都无法做到这些。

除此之外，一些兼职代理在用户数量方面也会受到限制，因为他们接触的用户体量相对较小。即使有机会获取用户，又因为销售能力不足，无法实现有效转化。学两招在进行市场调研时，很早就发现了这个问题。我们还发现，如果代理获得的收益微不足道，所做的推广无法提升用户数量，那么他们很容易失去信心和动力，最终选择放弃。

以上现象形成的恶性循环，使得教育培训机构或企业与代理之间的关系越来越脆弱。教育培训机构或企业在设定目标和绩效时，也容易忽视代理面临的现实挑战。这一切不但影响代理的个人业绩，更损害了教育培训机构或企业的品牌形象与市场口碑。

那么，教育培训机构或企业该怎样克服以上问题，让代理运维能够比较轻松地拿到结果呢？

学两招在为客户赋能时，会很认真地与客户一起面对和解决这个问题。我们认为机构或企业应该从以下四个方面解决这一难题。

帮助代理提高成交率

让代理在销售中拿到成果，关键在于要为他们提供系统的培训和指导。许多代理在推销产品时感到无所适从，不知道该从哪一步下手，也不知道如何有效推广产品、吸引用户和完成交易，这就需要教育培训机构或企业采取一系列有效的培训措施，帮助他们掌握成交的技巧。

学两招在为客户赋能时，会为他们提供相应的培训代理的方法和技巧。首先，我们会提醒客户，必须通过培训帮助代理深入了解产品的相关知识，明确产品的卖点和优势，同时熟悉销售系统与客户关系管理（customer relationship management，CRM）工具，以便他们能更加自信地向用户推销产品，并高效地管理用户信息，跟进潜在用户和销售进度。教育机构或企业也要定期更新产品信息，以便代理可以根据不同用户的需求，及时提供个性化的解决方案。

其次，我们会建议客户为代理提供基础的销售技能培训，包括如何寻找、吸引和开发用户，以及如何与用户有效沟通、识别用户需求、介绍产品的独特卖点、处理用户异议等，并帮助他们了解用户在不同学习阶段面临的不同问题，从而提供相应的营销策略与转化途径。在这一步，我们通常会建议客户教代理运用讲故事、分享成功案例等方式吸引用户的关注和兴趣，或者运用一些心理学技巧提升成交率。

最后，我们还会让客户定期评估代理的销售业绩，并给予及时反馈。这不仅能帮代理及时发现自己的不足之处，还能激励他们不断改进。在这个过程中，我们也会建议客户向代理分享或展示一些成功代理的经验和案例，让大家看到成功的可能性。比如，分享某位代理如何通过社交媒体吸引用户，或是通过有效跟进的方式提升复购率等。与此同时，我们还会建议客户通过奖励机制使代理始终保持积极的销售心态。

这些方法不仅可以帮助代理有效地销售产品，还能帮助他们在销售过程中不断成长与提升，最终实现个人与团队的双赢，甚至是多赢。

帮助代理通过数据转化实现盈利

我在第一次创业时，创建了一个名为"点亮网"的网站，专注于通过互联网销售企业学习的光盘和图书。这段创业经历让我深刻地意识到，企业盈利不能仅依赖于直接的产品销售，还在于如何有效转化数据，利用数据实现变现。我们当时的盈利模式主要包括两种：一种是通过直接销售光盘和图书赚取利润；另一方种是进行数据转化。

一个企业在购买了光盘或图书进行学习时，通常也隐藏着更多的内训、面授和咨询等深度需求。所以当时我们的业务模式就是尽可能地把光盘和图书卖出去，尽管每卖出一套可能只赚几百元，但随后购买的内训和咨询等服务产品，则具有更高的利润率。

由于我们当时直接销售这些高利润产品的能力有限，后来我的合作伙伴成立了一家专门提供后续服务的公司，帮助我们服务这些用户，实现数据转化。通过这种方式，点亮网不但更好地满足了用户需求，还最大限度地实现了数据的价值，最终为我们带来了更多的收益。

在互联网时代，运营私域代理也面临着同样的挑战与机遇。代理所销售的通常只是一些简单的引流产品，要实现代理、用户和我们自身价值的最大化，我们就要主动帮助代理学会最大限度地发挥数据的价值。

首先，你可以通过直播一对多的方式促进成交，就是让代理负责将用户带入直播间。教育培训机构或企业负责安排优秀的讲师通过直播销售产品，这样不仅能提高成交量，还能让代理的用户多次消费，为代理带来可观的收益，而消费带来的收益有一部分会给讲师，这就形成了一种双赢的局面。

其次，教育培训机构或企业可以邀请一些优秀的转化顾问，全职、兼职都可以，由他们专门服务代理引流过来的用户，通过优质的服务促进用户重复消费。代理可以从转化收益中拿出一部分分给转化顾问，这也能实现双赢。

最后，服务助教在为用户提供服务支持的过程中，也可以主动创造销售机会，向用户推荐相关产品。通过这种方式，代理和助教都能获得相应的收益，实现利益共享。

当然，要做到以上三点，教育培训机构或企业一定要基于价值分配设立合理的分成机制，确保代理、转化顾问、助教和平台利益共享，激励所有人积极参与，共同提升销售业绩。

让代理的资源成功变现

我在创建和运营点亮网的过程中，积累了宝贵的人际关系资源。当时我身边的一些朋友在当当、京东等电商平台销售图书，每天都能接到几千个订单，我就想：这种机会可不能浪费！于是我开始思考，怎样才能让这些朋友的销售资源为他们和我带来额外的收益呢？

于是，我就找到其中一个朋友，向他提了一个建议："在你销售图书时，能不能将我们平台老师讲的一门线上精品录播课作为增值服务，赠送给你的客户？"他一听，觉得我这个建议不错，欣然接受了。最终的结果是：不但他的收益提高了，还为我们带来了很多新的用户。

后来，我又告诉他，只要买书的读者观看过我们的课程，并且是新用户，这个用户就算是他引流来的。该用户在我们平台上产生的每一次消费，他都能获得相应的收益。在整个过程中，我们都有专门的运营团队负责，他可以通过我们的系统清晰地看到用户信息与用户数据。

当然，要想通过以上方式实现资源变现，我们也要注意下面几个问题。

- 教育机构或企业一定要合规经营，只做一级代理，不做多级代理。
- 无论赠送的线上课程还是后续的深度课程，都必须具备真正的用户价值，能够有效地解决用户的问题。如果课程空洞无物，就很难引发用户兴趣和购买欲望。
- 整个业务流程需要有完整的技术支持来提升效率，增强用户信任感。无论系统搭建还是用户数据管理，技术驱动都是不可或缺的。

教育培训机构或企业只有做到以上几点，才有可能让代理的资源变现，让每个人都在这条链条上找到自己的位置，形成良性循环，实现更大的商业价值。

让代理通过输出价值变现

在通过私域代理的方式销售产品时，我们必须认识到，代理不是简单的销售机器，而是 IP 产品推广和营销过程中重要的一环。在这种情况下，我们可以让代理参与到内容创作和产品推广过程，这既能提高他们的收入，还能为整个机构扩大市场影响力。

比如，现在许多教育培训机构或企业都会花重金请专业人员撰写软文，但一个人的创作风格是有限的。如果我们让代理，尤其是那些认同产品价值的学员代理来完成这项任务，他们往往更容易从用户的角度出发，撰写出更有共鸣的文章，也更容易对用户产生积极的影响力。优秀的软文可以交由代理转发，如果实现销售，那么教育培训机构或企业就从收益中提取一部分作为报酬或奖励发放给代理。这样一来，代理不仅获得了销售产品和撰写软文的两份收益，还获得了自我价值认同。

又如，教育培训机构或企业可以通过直播的方式帮助代理转化数据，提升销售额。这能让那些演绎能力和线上推广能力较强的代理参与直播销售过程。用户在直播间看到自己信任的代理，也更容易快速做出购买决定。教育培训机构或企业还可以让一些优秀的代理担任助教，为其他用户答疑和进行学习辅导，这样既能提高代理的专业能力，还能通过销售产品创造额外的收入。

私域代理销售产品、成功变现的方式有很多，只要我们将代理视为合作伙伴，就可以通过大家的共同努力，构建一个健康的私域代理生态系统，最终成功地将 IP 产品推向市场，塑造产品品牌，实现多方共赢。

第六章

塑造 IP 品牌，打造行业"独角兽"

在打造超级 IP 产品的过程中，一些从业者认为：品牌建设是"后面才需要考虑的事"，等自己的产品出名了、等自己的企业做大了，再考虑品牌也不晚。

真的是这样吗？

并非如此。无论在教育培训领域，还是在其他领域或行业，想成功打造超级 IP 产品，从一开始就要重视品牌塑造。品牌不是等你做大、做强了才需要的，而是帮助你做大、做强的必备工具。它可以让 IP 产品在早期便能在用户心中树立良好的品牌形象，积累长期的信任感与忠诚度，让用户心甘情愿地持续为你的 IP 产品和服务买单。

IP 品牌建设的五大误区

在竞争激烈的 IP 产品市场，促使用户为产品买单的因素不仅是价格，更是产品品牌的附加值。一个强有力的 IP 品牌赋予产品的价值是远超产品本身的，它代表了一种信赖、一种体验和一种保障。用户愿意支付品牌溢价，不只是因为产品内容的创新，更因为这个品牌在他们心中代表着可以信赖的"效果"。

在全球在线少儿英语教育领域，VIPKID 就是一个通过品牌溢价实现爆发式增长的典型案例。作为在线英语教育的早期探索者，VIPKID 一开始并没有什么品牌优势，但它凭借与北美外教的合作以及高标准的课程内容，在市场上迅速树立起了高端少儿英语教育品牌的形象。家长们愿意为这种"优质外教 + 定制化学习体验"支付更高的价格，就是因为品牌给了他们一种品质保障，让他们相信，这是孩子英语学习的最优解。VIPKID 塑造起来的品牌影响力，不仅帮助其在市场上站稳了脚跟，更推动了其用户量和收入的持续攀升。

"品牌资产鼻祖"、世界级品牌管理大师戴维·阿克（David Aaker）说过："品牌就是产品、符号、人、企业与消费者之间的联结和沟通。"事实也证明，品牌优势从来都不依靠外在的产品、符号、广告、价格等，而是源自用户心智。当你的品牌获得了用户信任，你的 IP 产品就更容易成功，市场竞争力更强。因为用户在购买你的产品时，不再将其当成一次可有可无的尝试，而是当成一种安全性很高的投资。试想一下，如果有两门类似的课程，一个品牌已经在行业中建立了很高的知名度，另一个只是刚刚起步，作为用户，你会选谁？我相信绝大多数人都会选择前者，他们宁愿多花一些钱，也要获得一种被验证过的安全感。

我们在做市场调研的过程中发现，很多大 IP 在打造产品的过程中，都对 IP 品牌建设心存误解。总结起来，主要有以下五大误区。

品牌建设是"大企业"要做的事

我们发现，很多行业或领域内的大 IP，都认为品牌建设是企业做大做强或者成为"大企业"后才需要考虑的事情，这其实是一种非常危险的思维定式。

IP 品牌建设绝不是一朝一夕的工作，而是一个在用户心中逐步积累信任的过程。等你真正做成大企业后，再考虑品牌建设往往为时已晚。品牌建设不是锦上添花，而是立足之本。IP 刚刚诞生的时期就是品牌定位、形象塑造和形成用户体验基础的最佳时期。在这个阶段，清晰的品牌定位和一致的品牌传达，不仅能帮助 IP 产品迅速在用户心中占据一席之地，还能让产品在上市初期就做到稳扎稳打，从而抢占市场先机。否则，等你的 IP 产品有了知名度后，再考虑品牌建设，往往会面临"头重脚轻"的风险——缺乏基础的品牌认知，用户更容易受价格、短期效果等因素的影响，丧失对品牌和产品的忠诚度。

一提到知识服务行业的品牌，我们马上就会想到得到这个平台。事实上，得到并不缺少竞争对手，但它在竞争激烈的市场中拥有庞大的忠实用户群体。为什么？因为从一开始，得到就一直强调"深度、有体系的知识服务"，并在品牌建设上进行深入投入。比如，配备知名导师，对产品品质的严格把控和内容审校等。用户的每一次点击付款，也都是在为其品牌背书。这样做的直接结果，就是得到的品牌价值越来越高，由此又吸引来大批愿意付费的用户。

这不是简单的内容效果，而是"品牌信任 + 内容价值"带来的双重效果。这种信任感的建立，让得到在知识服务领域形成了极高的竞争壁垒，新进入的竞争者很难撼动它的地位。

品牌是大 IP 发展的催化剂，而不是成功后的奖励。在开始打造超级 IP 产品时就注重品牌塑造，不仅能帮助你快速定位业务方向，吸引忠实用户，还能形成强有力的竞争壁垒，有效扩大品牌影响力。

品牌定位可以随意更改

品牌建设是一场马拉松比赛，需要持续一致的投入和耐心。我发现，一些大 IP 在塑造 IP 品牌的过程中，缺乏清晰和稳定的方向，经常因为市场环境变化或短期收益压力而频繁调整品牌定位，甚至更改产品的核心价值和目标用户群体。这就容易导致品牌形象模糊不清，让用户感到困惑，无法建立起对 IP 品牌的深层次认同感。

例如，一个在线教育平台最初的定位是"专业职场技能提升服务平台"，吸引了很多想要提升工作技能的用户。后来平台发现生活技能与兴趣类课程更容易吸引用户，于是就把自己的产品重点转向了生活技能与兴趣，开始推出各类手工、摄影等类别的课程。这样做虽然能在短期内吸引一波新流量，但原本的职场用户就逐渐流失了，新用户也会因为缺乏对品牌的认知，难以成为忠诚的用户。

这种"逐风而动"的策略，很容易使品牌始终停留在追逐市场热点的阶段，无法达到引领市场的高度。用户感觉品牌定位变化太频繁，缺乏明确的核心价值，就会逐渐将其视为一个"无固定方向的产品平台"，对品牌和产品也无法建立信赖和忠诚。

相比之下，很多成功的 IP 品牌都是在长期坚持中逐渐树立起来的。以学两招为例，我们始终专注于帮助教育领域的大IP实现数字化赋能，专注于成人教育市场的深耕，并没有因为市场上的其他热点或短期趋势而改变方向。我们很清楚，教育领域大IP的真正需求就是稳健的成长支持与系统化的运营帮助。所以，无论在技术支持上还是品牌传播中，我们始终强调"技术力 + 服务力"赋能的品牌定位。

客户在与我们的多次接触与合作中，也对我们逐渐形成了清晰的品牌认知——学两招是教育IP的可靠赋能伙伴。这种定位让客户不用每次都重新评估我们所提供的服务和技术，而是基于对品牌的长期信任，坚定地选择我们的方案。IP品牌的长久定位和持续投入，不仅让学两招赢得了高度的用户信任，还帮助合作伙伴提高了复购率，增强了用户黏性。

过于追求短期营销效果，忽略品牌长期价值

这也是不少大IP都存在的误区。在推广IP品牌时，他们总想用"速成法"，过于关注眼前的利益，频繁地搞促销、打折，甚至大幅降价，试图通过低价策略快速引流。

短期的营销策略确实能为品牌带来流量增长，但这种增长只是暂时的，一旦促销结束，流量马上减少，用户的兴趣也随之消散，甚至用户会产生该品牌总是"贱卖"课程的印象，由

此也丧失了对品牌、对产品的尊重。

忽视品牌视觉形象和传播的重要性

品牌视觉形象是用户对 IP 品牌形成第一印象的关键。IP 品牌视觉形象不能只是好看，更应该是统一、专业且具有辨识度的，并且要在各个渠道和触点上都保持统一的视觉语言与传播风格，让用户每次接触都能识别并记住它，甚至可以从中看到产品的价值。

许多大 IP 在这方面都投入不足，忽视了品牌视觉形象与传播的一致性。这种缺失带来的问题，就是让用户感觉你的产品做得不够专业，IP 品牌也显得随意且低端，最终削弱了品牌的市场竞争力。

在品牌视觉形象上，得到始终都保持着简约而深沉的风格，页面设计和内容排版均显得简洁大方，这样的视觉形象与其深度学习的品牌定位完美契合。无论用户在 App、官网、公众号上，还是在社交媒体平台上，都能快速识别这一品牌。这不仅让用户更容易记住它，也让它的专业性和权威性在用户心中不断加深，最终加强用户对其产品的认可和信任。

忽视品牌定位的不断升级

市场在变，用户需求也在变，IP 品牌的定位自然也要与时俱进。有的人可能会为此感到困惑："你不是说 IP 品牌定位要明确清晰吗？这怎么又要改变、要与时俱进呢？"

在 IP 品牌建设中，定位并非一成不变。初创阶段的 IP，通常在确定核心价值后，就专注于某一细分市场，这是很重要的。随着 IP 的成长与市场需求的变化，品牌就要在保持核心价值不变的基础上，适时做出微调或升级。这种变化可以通过内容的迭代、目标用户群体的拓展或产品的深度开发实现，目的在于延续 IP 品牌的活力和吸引力，持续不断地满足用户需求，为用户创造价值。

比如，拙勇堂在最初的成长阶段，只是专注于提供新手入门理财课程，借此积累了一大批入门级用户。但随着用户在平台的不断成长，拙勇堂逐渐升级品牌定位，增加了金融、投资、企业管理方面的高阶课程，并使产品开始涵盖职场发展、领导力培养等模块。这种品牌升级不仅留住了原有用户，还吸引了更广泛的用户群体，形成了品牌的多层次结构。

品牌升级不是对原有定位的颠覆，而是一种动态调整，目的是在保留原有用户的基础上，持续地吸引新用户、探索新市场，形成更加稳固的品牌生命力和市场竞争力。如果忽视这一点，一直抱着自己原来的品牌定位一成不变，最终很可能会逐渐被市场淘汰。

总而言之，IP 品牌不仅仅是一个名字或标志，它承载的是用户对 IP 产品的信任与依赖。无论打造其他 IP 产品，还是在教育行业内打造超级 IP 产品，品牌建设都不只是锦上添花，而是决定你的产品能否突破价值的桎梏、实现持续变现和长远发展的关键因素。在打造 IP 品牌的过程中，只有了解和走出以上阻碍品牌成长的误区，才有可能在快速变化的市场中形成稳定的品牌形象，成长为行业内的"独角兽"。

评估品牌影响力的六个因素

市场上从来都不缺竞争对手，也不缺"价格战"，今天出现一个新 IP，明天出现一个新模式。要想在这样的环境下屹立不倒，光靠打造内容是不够的，还要通过品牌构建你的 IP 产品"护城河"。

当市场波动或竞争对手打"价格战"时，有了品牌，你才不会被卷入其中，你的用户不会因为小小的差价而轻易"叛逃"，因为他们不是只购买产品，而是在选择一个能够经得住时间和市场考验的可靠伙伴。品牌赋予产品的"抗波动"能力，可以让你在风云变幻的市场环境中保持竞争优势，专注于产品打造和长远发展，而不是陷入短期价格战的消耗当中。

坚持星球就是一个通过打造品牌而获得成功的大 IP。作为一个成人教育品牌，坚持星球不但关注课程带来的效果，更注重品牌影响力的培养。在用户学完课程后，平台会通过定期的课程更新、社群活动、学员关怀等方式，持续地与学员巩固联结关系，增强学员对品牌的情感依赖。许多学员在学完自己的课程后，还会继续报名参加高阶课程或进阶项目，甚至主动将这个品牌的产品推荐给身边的朋友。可以说，坚持星球通过为用户提供优质的学习体验和情感共鸣，将品牌形象植入用户心中，让用户从"学员"变成了"伙伴"。

既然 IP 品牌如此重要，那么有哪些因素可以用来评估品牌的价值和影响力呢？

对此，我总结了六个可以用于评估品牌的关键因素。从这几个因素入手，不仅大 IP 可以成功塑造品牌，就算是一些小 IP，也可以更清楚地了解自己的品牌在市场上的地位和在用户心中的分量。

用户信任度与满意度

关于这一因素，我们可以从用户复购率、课程完成率、课程评分、用户留言、正面评价和推荐等几个角度进行评估。

首先，如果用户多次购买你的产品或课程，就说明你的 IP 品牌在用户心中是具有较高的可信度的。用户一定是通过学习你的课程内容获得了某种价值，才会持续地为之付费。

其次，如果用户在购买课程后，完成率很高，比如某在线教育平台通过完善服务，使完课率达到 80%、复购率达到 60%，这说明用户对你的课程比较满意。在此基础上，如果用户又能给予课程较高的评分以及积极、正向的评价，说明你的课程内容颇有吸引力，IP 品牌是值得信赖的。

最后，还要看用户愿不愿意自发地推荐你的课程，或者愿不愿意主动在社交平台上为你的品牌和产品点赞、转发、进行积极讨论等，或者把课程推荐给自己的亲朋好友，这些都是对品牌信任度的直接体现。

通过关注以上指标，再结合不同行业的相关数据，就能比较全面地评估品牌的用户信任度与满意度。

以下为坚持星球的爆款训练营课程"21天演讲训练营"的相关反馈情况（见图6-1）。

从训练营已举办期数、累计成就人数，以及训练营学员人数、全营打卡率、学习后继续在坚持星球升级、愿意推荐朋友参与的比例等数据可以看出，该课程内容不仅非常成功，品牌知名度也得到了提升。

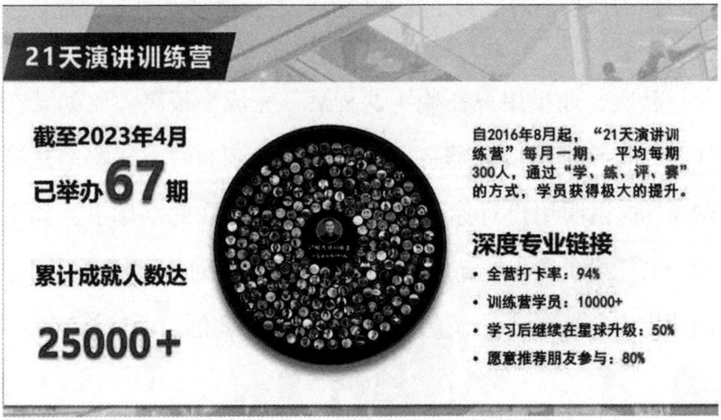

21天演讲训练营

截至2023年4月
已举办**67**期

累计成就人数达

25000+

自2016年8月起，"21天演讲训练营"每月一期，平均每期300人，通过"学、练、评、赛"的方式，学员获得极大的提升。

深度专业链接
- 全营打卡率：94%
- 训练营学员：10000+
- 学习后继续在星球升级：50%
- 愿意推荐朋友参与：80%

图6-1 坚持星球的爆款课程用户反馈情况

市场知名度与影响力

IP品牌的市场知名度主要从高级搜索量、市场覆盖率、行业认可度等几个角度进行评估。

首先，在搜索引擎或社交平台上，你的IP品牌被搜索的次数可以反映出品牌的知名度和用户对它的兴趣。被搜索的次数越多，品牌知名度就越高。就像大家想购买知识服务类产品时，会搜索喜马拉雅、帆书、得到、有道等几个品牌，这说明它们都是市场知名的IP品牌。

其次，看你的IP品牌是否已经进入目标市场的主要渠道。比如，在目标用户经常去的社群和平台上，是否有人在讨论、分享你的品牌？大家讨论、分享的次数越多，你的品牌市场覆盖率就越高。

最后，行业认可度就是看你的IP品牌在行业中有没有被提到、引用过，或者是否获得过一些奖项。比如，猿辅导品牌旗下的素养教育品牌"猿辅导素养课"，就荣获了"2024年度影响力教育品牌"。这种行业的认可和肯定，也可以为品牌的市场影响力加分。

品牌传播效果

品牌传播效果主要从内容传播率、外部媒体关注度等角度进行评估。

内容传播率主要是看你的产品内容（如文章、视频、图文教程等）是否被广泛转发和关注。内容传播率越高，说明品牌输出的内容对用户越有吸引力。

是否受到媒体关注，就是看你的产品或 IP 品牌有没有被媒体引用或报道。如果能获得新闻报道或其他媒体的外部推荐，就可以帮助品牌快速提升知名度。

比如，坚持星球就曾被湖南日报、北京青年报等多家知名媒体报道过，这对提升坚持星球的品牌影响力大有裨益。

竞争壁垒和独特性

这一点可以从产品的差异化程度、价格与价值感等方面进行评估。

如果你的产品或内容具有明显的特色、优势或差异点，那么你的 IP 品牌也更容易被人记住。简而言之，品牌特征越鲜明，就越难以被替代，品牌影响力就越强。

比如，拙勇堂推出的产品内容不仅仅是投资理财，还关乎预算管理、资金流动、财务规划乃至理财心态等。因为很多理财小白在初期投资理财产品时，很容易受市场波动的影响，产生恐惧甚至贪婪的心理，拙勇堂通过专门的心理课程辅导，教会学员如何抵御这些负面心理的干扰，保持清醒的判断，这无疑是投资高手最为重要的素质之一。很多机构可能会教你学理财、学投资，同时还做心理辅导的却不是很多。这就是拙勇堂这个 IP 品牌为自己打造的竞争壁垒。

品牌价格和价值感的高低，取决于用户是否愿意为你的品牌付出较高的费用。如果你的品牌有较高的溢价能力，就说明它在用户心中比同类产品更有价值感。

例如，全球在线教育平台 Coursera 之所以能在激烈的市场竞争中大获成功，就得益于它的品牌溢价能力。从创立之初，Coursera 便与全球顶尖大学和名师合作，确保自己推出的都是高质量、高水平的课程。几乎每一门课程的背后，都有斯坦福大学、普林斯顿大学等名校的背书，这种加持也让用户直接消除了对产品质量的质疑。对于那些追求高含金量证书的学员来说，Coursera 更是代表了一种质量承诺。因此即使它的课程价格比其他同类产品高，用户也愿意为之付费。

影响力与用户参与度

关于这一因素，我们可以从社群活跃度、活动参与率等方面进行评估。

社群活跃度的高低主要看品牌社群是不是很活跃，或者有没有用户自发组织讨论、分享学习心得。社群越活跃，说明品牌对用户的吸引力和影响力越强。

用户参与度一般是指用户参与品牌的直播、分享会、线上线下活动的积极性。高参与率代表品牌能够吸引用户花费更多时间和精力进行互动。

用户成长案例与口碑效应

这一因素可以从用户的成长故事、用户自发的口碑传播等方面进行评估，比如用户通过购买和学习你的课程取得了一定成就，如提升了技能、促进了职业发展、获得了某些奖项等。

坚持星球的许多学员通过学习都取得了令人瞩目的成就：成为高级演讲教练、企业培训负责人等。这些都可以成为提升品牌专业度的案例和背书。

口碑效应是指用户主动分享课程效果，为你的品牌发声。自发性的口碑具有很强的效用，是 IP 品牌影响力的一个重要体现。

　　分析以上六个因素，就可以系统地评估自己 IP 品牌的影响力。如果感觉尚有不足，就要努力积累用户口碑和市场认知，让品牌能稳步发展。IP 品牌的真正价值就在于用户心中的认知和认可，而非教育机构或企业的规模。即便初创的小 IP，只要定位精准、持续传递品牌价值，也可以逐步积累品牌资产，赢得忠诚用户。这种品牌力量，最终会成为 IP 成长的强大推动力，帮助 IP 在市场中脱颖而出，逐渐发展壮大。

第三节

构建品牌故事有方法

品牌故事是触动用户情感的最佳方式之一，也是建立用户忠诚度的关键。我发现，许多大 IP 在产品品牌建设过程中，很容易忽略品牌故事的重要性，以至于品牌成了一个名称、一个代号，但缺乏独特的个性和温度，难以在用户心中留下深刻的印象。

一个充满情感的品牌故事，可以让用户更深入地理解 IP 品牌的起源、发展历程，以及对用户的承诺。品牌故事所传达的不仅仅是品牌"是什么"，更是"为什么"——为什么要创立这个品牌，为什么要坚持，为什么要选择这样的方式为用户创造价值等。用户只有在了解这些背后的故事时，才更容易对品牌产生共鸣，甚至认为品牌可以成为他们学习和成长旅程中的伙伴。

要想构建品牌故事，并不是你随便讲个感人的故事就行了，它有一定的方法可循。

讲好品牌的起源故事

品牌的起源故事可以帮助 IP 品牌从一开始就植入使命感，从而与用户产生情感共鸣。

学两招的品牌故事，始终围绕"赋能教育 IP，助力他们实现从 0 到 1、再到 100 的跨越"展开。但是，学两招创立的初衷并不仅仅是为教育 IP 提供技术服务，而是解决行业内长期存在的实际痛点：如何让教育 IP 在资源有效的情况下，实现高效、智能的数字化成长。许多教育 IP 虽然在内容上具有一定竞争力，但缺乏系统的技术与服务支持，这不仅限制了他们的发展空间，更让许多 IP 在数字化时代被竞争对手淘汰。

带着这样的初心，在学两招刚刚成立时，我们就明确了以"科技力 + 服务力"赋能教育 IP 的使命，帮助他们在成人教育市场站稳脚跟，甚至成为细分领域的佼佼者。

这个起源故事不只是学两招的创业背景，更是学两招一路发展的"定心丸"。不管市场风向如何变化，学两招始终不忘初心，持续创新和优化，从底层技术支持到一对一的服务方案，每个环节都深度聚焦于帮助教育 IP 成长。这个故事背后的初心，真实而直接地传达出了学两招的使命：不是为了短期利益，而是为了赋能教育者，让他们的价值在数字化发展的浪潮中被最大限度地实现。

这样的品牌故事很容易让用户产生共鸣，因为这不仅仅是一个商业项目，而是带着利他使命的事业。用户也不只是看到一个个产品，还看到了一群真实的人、一个清晰的目标，感受到这个 IP 品牌对用户价值的重视。这种情感联结的力量不仅远超你投大量的资金去做广告、做宣传，还能从一开始就扎根用户心中，达到超越各种营销手段的宣传效果。

展示品牌的价值观

品牌的价值观决定了品牌在用户心中的形象和情感定位，它不仅仅是一组口号，还是品牌在实践中一以贯之的理念。通过传达价值观，你的 IP 品牌就能在人格层面与用户建立联系，成为他们信赖的"伙伴"或"导师"。

在学两招的 IP 品牌建设中，"科技力 + 服务力"赋能教育 IP 的核心价值观始终贯穿于我们与用户的每一次接触和服务。这个价值观的背后，也是学两招的品牌承诺，即不仅仅是提供技术支持和服务，更是以真正理解教育 IP 的需求、帮助他们实现数字化成长为使命。这种承诺在学两招的每个服务环节中都得到了体现。从细致的产品设计到贴心的技术支持，学两招一直都以一个致力于推动教育 IP 成长的赋能者身份存在。

向用户传递成功案例

品牌故事不仅来自创始人和团队的努力，更来自用户的真实经历和成长，并且这些成功案例也是最能打动潜在用户的"活广告"。通过一个个真实的故事，品牌不仅展示出了产品的实用性，更让用户看到了它所带来的实际价值和影响，让用户产生"如果别人可以成功，那么我也可以"的信念。

讲述用户的成功案例并不只是简单地陈述结果，说某某学员通过学习后取得了什么成就、获得了什么奖项，而是要展现他们发生变化的过程。一个优秀的成功案例，往往可以让潜在用户感同身受，看到自己的可能性。

比如，坚持星球在传达自己的品牌价值时，就通过精准的案例分享，展示了学员从害怕开口到自信表达的完整历程。学员从一开始的害羞、不敢上台表达、表达不顺畅，到逐渐提升演讲能力，最终站在台上自信、自如地表达，为自己在职场和生活中赢得更多的机会。这种转变过程往往比结果更能吸引潜在用户，让他们看到品牌赋予用户的巨大价值。

成功案例的力量就在于其真实性，直接引用用户的真实反馈尤其关键。这些反馈可以是文字，也可以是图像、视频等更有冲击力的方式。坚持星球通过学员的视频反馈、在学习中的进步展示，甚至是学员在职场和生活中的演讲片段，向潜在用户呈现了最真实的学习效果。这种真实的案例更容易让人信服，还更容易引发情感共鸣。

一系列的用户成功案例，还可以形成 IP 品牌的"成果标签"，让品牌成为某一领域的权威代表。比如，坚持星球展示了大量的学员案例，这些案例不断积累，就使得坚持星球成为"演讲能力提升"的代表性品牌。用户看到这样的品牌时，也会相信该品牌带来的不仅是一些理论知识，更是实实在在的效果与改变，由此也会形成"如果我想提升演讲能力，就选择坚持星球"的思考路径。

通过构建品牌故事，并向用户传递成功案例，你的 IP 品牌在潜在用户心中不仅是一个"提供产品的商家"，更是"实现他们梦想和目标的伙伴"。这种深层次的情感联结，便是品牌故事的真正力量所在。

塑造品牌形象
"四步走"

对超级 IP 产品而言，品牌建设就是其在市场竞争中胜出的"护城河"。我们清楚 IP 品牌打造的重要性，但真正的关键在于如何将这些书面知识转化为实际行动，并且产生期望中的效果。

超级 IP 产品品牌打造的核心在于：如何从诞生之初就牢牢在用户心中树立良好的品牌形象，如何通过独特的定位、优质的内容和良好的用户体验等，不断强化品牌的专业形象，让品牌在市场竞争中站稳脚跟，形成长久的用户黏性和信任。

根据学两招赋能众多客户的经验，我认为，要想成功塑造 IP 品牌，可以遵循下面的"四步走"的方法。

第一步：精准的品牌定位

IP 品牌的定位要清晰、精准，要有明确的核心价值，这是推动品牌成长的根基。不论学两招，还是我们赋能的大量教育 IP，从一开始就要清楚品牌的意义是什么，能为用户带来的价值是什么。核心价值不只是一个口号，而应该成为品牌在产品设计、内容制作、市场推广中的指路明灯。

品牌定位不能只停留在市场热点上。我们应该深入了解目标用户的需求，包括他们的痛点、动机和深层次需求，这样才能找到用户真正关心的问题和所需要的解决方案，实现品牌与用户的无缝连接。比如，你的目标用户是职场人士，那么你的品牌就要专注于职场痛点，围绕提升职业技能、时间管理、沟通技巧、领导力提升等主题展开，确保你的产品可以为用户带来切实可见的成长和蜕变。

第二步：保持品牌视觉形象的一致性

品牌视觉形象决定了品牌在用户心中的辨识度和记忆度，统一的品牌设计也尤为重要，包括标志、色彩、字体等核心视觉元素，让品牌的每一次出现都能给用户带来相同的视觉体验。这种体验既能让用户快速记住你的品牌，还能传达出品牌的专业性和一致性。

比如，星巴克的视觉设计风格一直保持简洁、自然且统一的风格。从门店设计到产品包装，星巴克坚持以绿色为主色调，搭配具有品牌辨识度的美人鱼标志。不管顾客在世界的哪个角落看到这抹绿色，都能立刻想到星巴克。这就是视觉一致性带来的品牌宣传效果。

我们也可以通过打造品牌标志物强化品牌形象，如设置独特的图标、标语或视觉符号等。比如，苹果公司的图标就是一个经典的品牌标志物，无论苹果的零售店、产品包装，还是广告和网站，这个标志都会被放在显眼的位置上。用户在看到被咬了一口的苹果图标时，立刻联想到简约、创新、高质量的品牌形象，这种独特的标志物极大地强化了品牌记忆。

第三步：预判用户需求，增强用户体验

在选择众多的市场环境中，只有能够预判用户的需求，提前提供优质的用户体验，才能真正赢得用户的心，提升用户对品牌的信任度。

要想增强用户体验，首先要优化产品设计与交付，让用户在花钱购买后，从打开产品、获取资料到完成学习，整个过程都顺畅无阻。特别是线上教育，如果课程视频卡顿、材料复杂难找、学习流程烦琐，那么用户对品牌和产品的好感度会瞬间下降。

其次，要提供优质的售后服务。售后服务不是用户出现问题了再去补救，而是主动展现品牌的责任感，在用户遇到问题时，能够快速响应并有效解决。为此，品牌要向用户提供便捷的技术支持、课程反馈、学习提醒等服务，让用户感到自己无论何时都是被关心、被支持的。

最后，还要积极创建品牌社区，与用户形成互动，让用户通过品牌社群、论坛、社交平台等互动渠道找到自己志同道合的伙伴。这样，用户才会对品牌产生忠诚度和归属感，最终成为品牌的"铁杆粉丝"。

第四步：注重品牌的内容输出

品牌内容输出并不是随便发点东西那么简单，它是品牌专业性和权威形象的名片，让用户在日常信息流中一再看到进而认可品牌的专业性。

要想为品牌打造有价值、有影响力的内容，首先就要定期输出专业内容。你可以根据自己所在行业的知识热点、用户常见问题等内容点，设定每周或每月输出的主题和频次，如每周发布一篇行业深度文章，包括行业分析、成功案例、实用技巧、用户常见问题解答等，满足不同用户的阅读需求。你也可以创建一个系列内容，如"每周职场小贴士""月度成长实战"等。每一期聚焦一个具体问题，通过实操性的建议和实用技巧为用户提供价值，帮助用户成长，同时还可以在文末设置行动激励，增强与用户的互动效果。

其次，还要积极进行品牌传播，不能局限于一个平台，而要出现在用户活跃的每个角落。多平台传播不但能有效扩大品牌的触达范围，还能通过不同平台的调性展示品牌的多样性。比如，你可以在微信公众号里分享深度文章、学员成功案例，在微博上展示即时动态，在知乎上进行专业问答……在每个平台发布的品牌内容，都是在强化品牌的专业形象。

值得注意的是，即使在不同平台发布内容，内容风格和调性也要尽量保持统一。比如，教育 IP 可以在所有渠道使用一致的语言风格、配图风格，让用户在各个平台上看到你的品牌，都可以被快速识别。

　　成功的 IP 品牌需要持续经营，只有持续才能形成记忆，积累认知效应。要想持续，你就要让用户在每一个接触点上都能看到你的品牌形象，并感受到品牌的专业、可信、有效。任何产品的品牌都不局限于产品本身，而是要升华为一种文化、一种身份，这种附加值才更容易让用户对品牌产生信任和依赖，从而有效提高品牌的知名度与竞争力。

平衡 IP 品牌的短期收益与长期价值

品牌的短期获利与长期价值，是打造 IP 品牌过程中需要重点考虑的两个因素。前者是品牌短时间内的盈利能力，后者则是较长时间内的品牌价值与影响力。如何平衡好这两个看似互斥的目标，已经成为不少大 IP 需要深度思考的问题。

学两招一直将品牌的短期收益与长期价值放在几乎同等重要的位置上。我们既要关注当下市场稍纵即逝的机会，又要考虑在快速增长的同时，如何避免损害品牌形象，确保品牌能在用户心中产生长久的影响力。

我认为要想平衡好这两个目标之间的关系，需要做好以下四点。

适当控制营销活动的频率

频繁的营销活动容易使用户对品牌产生"廉价"的感觉，削弱品牌的专业性和高端形象。尤其在教育培训行业，用户对知识和技能的价值都有较高的心理预期，过多的低价促销活动，只会让用户觉得你的品牌价值"虚高"，不具备真正的价值。

营销不在于多，而在于精。IP 品牌应该围绕内容和价值设计推广活动，而非一味地靠低价引流。学两招在为客户赋能时，通常都会建议客户控制好营销活动的节奏。比如制订年度营销计划，确保在一年中的几个重要时间点推出具有吸引力的活动和产品，而不是随时随地打折；或者推出一些价值增值型活动，如附赠实用工具、延展服务等。这样做可以让用户在体验品牌产品的同时，感受到产品的附加价值。

也可以将一些大型活动放在年中、年末等关键时刻，增强活动的稀缺性和吸引力。与此同时，教育培训机构或企业还要在活动宣传中突出产品或服务的长远价值，而不是简单地强调促销活动的价格优惠。这样做的目的是让用户明白，即使搞促销，他们购买的也不是"低价产品"，而是一种有很高价值的、长期的知识投资。

维护品牌高溢价形象

超级 IP 产品的品牌形象建立，很大程度上依靠其产品质量和定价策略。品牌的高溢价能力体现了用户对品牌价值的认可。低价策略虽然能带来一时的用户增长，却容易导致品牌在用户心中失去应有的价值和分量。只有确保品牌始终维持专业、高品质的形象，才能在用户心中保持稳固的地位，实现品牌的长远增值。

因此，我们在为产品定价时，要注意保持产品价格体系的标准化，不要随意调整价格，不能看到竞品的价格比自己的低或销量比自己的高，就快速调低自己的产品价格，与竞争对手打"价格战"，这样做只会两败俱伤。只有定价系统稳定，用户才会形成"这个品牌的产品质量高"的印象。

如果你想与竞争对手争一争，提升自己的市场竞争力，可以通过提供增值服务来提升产品的整体价值，而非直接降价。比如，推出一对一咨询、课后作业反馈和辅导等服务，这样做既不会给用户造成"便宜没好货"的感觉，又能让用户感受到品牌的专业性与人文关怀。

你也可以在每个季度或每半年推出一次高端产品，这些产品的内容、质量和服务等都要明显优于普通产品。在宣传时，你要重点强调产品内容的专业与深度，而非价格，这也会让用户在心理上对品牌产生"高价值"的认同感。

以品牌信任为核心

无论短期的营销活动还是长期的品牌建设，品牌信任始终都是打造 IP 品牌的关键。每一个营销动作、每一条品牌宣传，都应该围绕品牌的可信度和专业度展开，让用户在接触到品牌的每一个环节都能产生信任感。过度的营销手段虽然能带来短期流量，却缺乏对用户信任的维护，最终导致品牌失去用户的长期支持。

要想建立用户对品牌的信任，你就要设计符合 IP 品牌调性的营销活动。在做产品推广时，不仅要介绍产品内容，还要传递出品牌的专业性和对用户成长的价值。比如，你可以创建一个类似"用户故事"的专栏，定期分享用户通过学习品牌产品获得成长的经历，还可以邀请部分优秀用户"现身说法"。学两招所赋能的"朵朵开"身心疗愈平台，就是通过邀请学员定期分享自己在朵朵开学习和疗愈的经历来展示品牌的价值。这种真实的内容最容易让潜在用户产生共鸣，继而对品牌产生信心。

做好品牌危机管理

在 IP 品牌建设中，难免会遇到一些危机或负面事件的挑战。尤其是教育类 IP，随时都可能面对用户对产品质量、学习效果的质疑。在这种情况下，你是更重视品牌的短期利益，对用户反馈不闻不问、挣一笔钱就算了，还是要维护品牌的长期价值，及时处理危机，重新赢回用户的信赖？

要想真正打造起一个具有长远价值的 IP 品牌，一定要重视维护品牌的形象，因此，面对品牌危机一定要应对及时、反应迅速。你可以在内部设置危机处理专线或专门的负责人，一旦收到用户反馈或媒体质疑，必须在 24 小时内作出回应，而不是坐等事情发酵，变成公共事件后才出面处理。越早站出来，用户越有耐心听你解释，也越容易给予宽容与谅解。

危机发生时，逃避责任是危机公关中的大忌。如果把问题直接甩给用户、平台或第三方，只会让用户觉得你在逃避，继而对你的品牌丧失信心，甚至对品牌的信任瞬间崩塌。如果是产品或服务的问题，就要第一时间在公开场合坦诚承认，并简明扼要地解释问题出现的原因，避免让用户觉得你在掩饰什么。

问题出现后，用户更在意的是你能否拿出解决问题的有效方案。这时，一句"我们会加强改进"是根本不够的，真正有效的策略应该是：马上拿出明确的解决方案，让用户看到你在行动。比如，产品内容有争议，就承诺重新审核内容，或者给予用户退款的选择；用户对产品内容不满，就提供免费一对一辅导或延长课程服务等。你也可以借助第三方背书的形式，展示你的改进过程，比如邀请业内专家做质量审核，公开披露审核结果；或者邀请知名用户现身说法，分享他们的使用体验等。

不要觉得危机解决后就万事大吉了，修复品牌形象同样重要，因为用户还在看你接下来的表现。你可以通过透明的品牌修复行动，持续地与用户沟通改进情况，如定期发布改进措施、进展和成效，或者邀请用户体验新的产品、服务等。如果用户对改进后的产品、服务感到满意，也可以邀请他们给予反馈，巩固其对品牌的信任。

以上这些措施，可能会损害品牌的短期收益，比如影响潜在用户的转化，甚至还要补偿现有用户或为用户退款等。但从长远看，这恰恰是维护品牌声誉，增强用户信任和信心的关键一步。通过及时、恰当的危机处理，品牌不仅向用户展示了自己坚守价值观、以用户为中心的承诺，还可以让用户看到品牌的责任与担当，从而进一步增强用户对品牌的认同感和忠诚度。而且，每一次品牌危机的应对都是一次宝贵的经验积累，通过总结经验教训，品牌可以不断优化产品和服务体系，为未来的长远发展奠定更加坚实的基础。

创始人 IP 品牌的打造策略

在过去的工作中，我和我的团队通过学两招赋能了多个教育 IP，帮助他们从初创阶段的流量积累，到成熟期的品牌化运营，成功打响了属于自己的市场名号。在这个过程中，我越来越体会到创始人对 IP 品牌打造的重要性。

与千篇一律的广告相比，人们更愿意相信鲜活的人。每个 IP 品牌的创始人都有自己的创业故事、性格特点、经营理念和人格价值观等，这一切都是鲜活而有力量的品牌支撑。我们也可以看到，很多成功的知识付费平台与教育培训结构，都已经将创始人作为 IP 品牌的灵魂进行塑造，甚至通过创始人的影响力进行品牌引导。

其中的一个典型案例就是帆书。帆书的创始人樊登老师，给自己的定位是一个专业的"讲书人"，他运用樊登式的解说方法，把一本看似很难读的书口语化、场景化，再分享给大家。同时，他曾是中央电视台主持人，现在是著名媒体人，在打造个人 IP 时，他的这些阅历、理解能力、讲述能力等，都成为帆书这个品牌的核心竞争力。作为创始人，樊登的个人 IP 品牌与帆书也是密切相关的。

创始人 IP 品牌不仅是一个名字或头像，更是 IP 产品建设的一部分，是一种对外传达的理念、使命和核心价值观。对教育类产品来说，创始人更是 IP 品牌的灵魂，是市场竞争中的差异化优势。因为教育本身就是一个长期陪伴的过程，用户不仅要获得有用的产品内容，更要认同创始人对教育的热情与使命感。用户希望看到创始人不是在"卖产品"，而是在用心"做事情"。通过创始人的影响力，教育培训机构或企业可以逐步建立起用户对品牌的深度认同感，从而打破传统教育产品冷冰冰的教条模式，形成用户对品牌的热爱、信任与忠诚。

既然创始人的 IP 品牌建设如此重要，具体来讲，该怎么打造呢？根据学两招赋能教育 IP 打造创始人品牌的经历与经验，我认为主要包括以下五点。

确定创始人 IP 品牌的精准定位

所谓创始人 IP 品牌的定位，就是要找到创始人个人特质与产品特性、市场需求之间的最佳契合点。很多教育 IP 之所以成功，正是由于创始人将个人经历、专业能力，甚至是个人价值观等，成功地转化为产品品牌的核心竞争力。如果品牌定位模糊，无法准确满足目标用户的需求，再好的内容也可能在市场中被淹没。

每一个 IP 品牌的创始人都有自己独特的经历，这些经历也是品牌最宝贵的资产。所以，要想准确定位自己的 IP 品牌，创始人首先要想清楚自己的经历或要传达的品牌故事是什么。比如，你曾经是一位普通教师，现在是一位教育专家，你是如何实现这种蜕变的？

其次，创始人要分析用户需求与自己个人形象的契合点，让自己为用户需求精准代言。以教育市场为例，用户需求往往是多元化、个性化的，用户不只满足于对单一知识的渴求，更看重教育背后能带给他们的长远价值。如果你有着过硬的教育背景和成功的行业经验，那么这些就可以直接转化为品牌的信任背书。如果你的产品针对的是大众市场，那么创始人就要具有亲和力。比如"娜家整理"的创始人，在确定自己的创始人定位时，就将亲民的教育理念与自己多年的实践经验相结合，从而更好地满足目标群体的需求。

如果你的产品定位于特殊人群，那么创始人本身就要具备相应的行业地位和个人魅力。

最后，创始人 IP 品牌的定位不仅要有卖点，还要在整个市场中具有独特性。例如，你拥有多年国际教育经验，那么你的 IP 品牌就可以定位为"全球化视野与本土教育结合"的特色教育者；你有个人自学成长的经历，就可以定位为"普通人通过自学改变命运"的平民教育家。

通过运用以上方法精准定位，你的 IP 品牌才有可能在激烈竞争的市场中占据一席之地，甚至成为某个细分市场的领导者。

创始人要持续输出内容，强化 IP 品牌形象

如果说创始人是 IP 品牌的灵魂，那么内容就是灵魂的语言。通过内容输出，创始人不但能展示自己的专业性和独特性，还能有效地将个人经历、价值观和品牌理念等传递给用户。每一个 IP 品牌的创始人都有独特的个性、背景和思维方式，这些特点也决定了内容创作的风格和方向。

因此，创始人在输出内容时，一定要善于根据自己的特质和优势，准确地设计符合自己 IP 品牌调性的内容形式。

比如，你是一位拥有学术背景的教育专家，那么你输出的内容可以更加注重专业性和深度，通过长篇文章、行业报告、讲座等方式，传达你的知识和见解；你是一位极具亲和力的创始人，那么你可以通过短视频、社交平台互动以及轻松的直播课程传递内容，快速与用户建立起情感联系。

你也可以通过讲述自身经历、创业历程、个人故事等，展现自己在这些经历中的想法、做法、决策，以及你如何战胜困难、挫折，获得今天的成就等，以此吸引更多的用户关注。用户对品牌的忠诚度，不仅是因为产品本身好，还因为品牌背后有着真实、感人的故事。通过讲述自己的故事，创始人往往可以将用户思维从理性转向感性，使其在情感上与品牌产生联结，从而不断强化创始人 IP 品牌的形象。

创始人 IP 品牌要嵌入产品设计与推广活动

创始人必须深入参与产品的设计与推广活动，以确保每一款产品都能体现创始人的个性和品牌的独特性。

首先，创始人要明确 IP 品牌的核心理念，并将这些理念贯穿于所有产品设计。比如，你的 IP 品牌核心是"通过简化复杂概念，帮助学习者快速掌握知识"，那么你所打造的产品，无论入门级课程、进阶课程还是高阶课程，都要在内容和结构设计方面体现这一点。这样，用户无论在哪个学习阶段，都能感受到品牌的一致性。

其次，创始人的个性和产品理念可以通过产品内容、教学方式、教学风格等层面进行注入。比如，某些产品创始人注重互动式教学方法，某些产品创始人则更侧重于思维导图式的教学方法，这些个性化的教学风格，都可以在产品推广和课程设计中充分体现出来，让用户感受到创始人品牌与教育产品的一致性。

对创始人 IP 品牌进行有效传播与推广

创始人 IP 品牌的打造，不仅依赖内部的品牌建设与产品设计，还需要强有力的传播与推广策略。但是，这种传播和推广并不是为了让更多的人认识创始人，而是要让目标用户与创始人之间建立起深度的情感联结，从而提升品牌认同感，并将这种认同感转化为长期的支持与付费行为。

一般来讲，对创始人 IP 品牌的传播与推广主要运用私域流量，通过社群运营、私聊、与粉丝定期互动、提供定制化服务等方式，提高与用户的互动频率；也可以通过社交平台与 KOL 合作进行内容营销与"病毒式传播"；或者通过跨界合作与品牌联名等多种方式，迅速扩大个人品牌的影响力，吸引更多用户的关注，从而持续地提升品牌的传播力和影响力。

比如，小米公司的创始人雷军，就非常善于利用个人 IP 的影响力推广小米品牌，通过微博、抖音等社交媒体平台与粉丝频繁互动，分享小米的最新动态与产品信息。

从 2015 年开始，得到的创始人罗振宇在每年的 12 月 31 日晚都会举办"时间的朋友"跨年演讲，通过电视台和网络视频平台同步直播，分享自己过去一年的观察和学习心得，帮助大家洞察趋势和未来机会。

这些方式不仅增强了品牌亲和力和用户黏性，还帮助创始人进一步扩大了自己的 IP 品牌影响力。

创始人 IP 品牌需要持续运营与升级

打造创始人 IP 品牌不仅需要短期内的曝光度和市场热度，更要长期运营，不断进行迭代和创新，如更新品牌定位、品牌理念、品牌故事等。只有使用与时俱进的思维方式，才能使创始人 IP 品牌在激烈的市场竞争中保持长期的活力和吸引力，防止陷入"过时"或"淡化"的困境。

比如，樊登以前的 IP 定位是中央电视台主持人、媒体人，但随着帆书在知识付费领域的声名鹊起，这样的定位显然不利于他个人 IP 品牌的塑造。于是，他及时调整定位，将自己重新定位为知识 IP 专家、生活导师、商业顾问等，让更多对自我成长、创业、成功有需求的青年更喜欢听他讲书，学习他的人生经验。

同时，品牌故事也要不断更新迭代，比如在创业初期可以多讲个人经历、创业故事等，成熟期则要更多地关注社会责任、行业发展，以及对未来进行思考等，让用户感觉到你的个人 IP 品牌在不断升级、不断优化。

创始人 IP 品牌的最终目标，不仅仅是塑造一个有影响力的个人品牌，更是通过品牌的力量推动企业全面发展，进而从"IP"向"企业"、再向"产业"进行转型。在此过程中，创始人既是 IP 品牌的引领者，又要成为整个产业生态的开创者和推动者。在成功塑造 IP 品牌后，创始人就可以借助品牌的影响力与资源整合能力，推动产业链上下游合作，奠定自己在行业中的领导地位。

例如，"华与华"曾数十年如一日不间断地进行广告投放，积累品牌资产。创始人华杉老师通过打造个人 IP 品牌，逐渐扩大个人影响力，让华与华在业界声名鹊起。此后，华与华不仅在广告行业独占鳌头，还通过跨界合作和品牌多样化，在出版、投资等多个领域进行布局，逐渐形成了属于自己的产业生态系统，既扩大了创始人 IP 品牌的市场影响力，同时也满足了用户更广泛的需求。

未来，我相信创始人 IP 品牌将会朝着更加多元化、智能化、全球化的方向发展。在我们所熟悉的教育领域，创始人 IP 品牌也会不断推动教育产业的转型与升级，通过跨界合作、教育生态系统构建及产业链整合等多种方式，打造出一个健康的、可持续发展的教育生态，从而推动教育行业进入一个更加创新、开放和包容的新时代。